国語授業の改革19

国語の授業で「言葉による見方・考え方」をどう鍛えるのか

「主体的・対話的で深い学び」の実現をめざして

「読み」の授業研究会 編

学文社

はじめに

二〇一七年・一八年の学習指導要領では「主体的・対話的で深い学び」が重視され、その中の特に「深い学び」との関連で「各教科の特質に応じた物事を捉える視点や考え方」を鍛えるべきことが示されました。それは「見方・考え方」と言い替えられ、教科を学ぶうえで「本質的な意義の中核をなすもの」と意味づけられています。

それを受け各教科に「見方・考え方」が示され、国語科では「言葉による見方・考え方」が位置づきました。

しかし、「『言葉による見方・考え方』をどうとらえたらよいかわからない」「具体的に国語の授業をどう変えるのかイメージがわかない」「どうすればそれが鍛えられるのか見えてこない」などの声をよく聞きます。

そこで本誌で「国語の授業で『言葉による見方・考え方』をどう鍛えるのか」を特集しました。「言葉による見方・考え方」のとらえ方、授業の具体的なイメージ、鍛える際の指導のポイントなどを教科書教材を使って解明しました。

第Ⅰ章では、阿部の論考に続き、物語・小説、古典、説明文・論説文の授業で「言葉による見方・考え方」をどう鍛えていったらよいかを解明しました。第Ⅱ章では、それとの関わりで「主体的な学び」「深い学び」実現のための国語の授業づくりのコツを示しました。第Ⅲ章では「言葉による見方・考え方」を鍛えることに成功した論説文の授業を紹介しました。そして第Ⅳ章では、気鋭の研究者にさまざまな角度から「言葉による見方・考え方」をどう読み解いていったらいいのかを論じていただきました。

『国語授業の改革』には、その名のとおり国語の授業を改革するための切り口がたくさんあります。多くの先生方、研究者の方々に読んでいただき、ご意見・ご批判をいただきたいと思います。

二〇一九年八月

読み研代表　阿部　昇（秋田大学）

目次

Ⅴ　新学習指導要領・国語科の「言葉による見方・考え方」を読み解くための６冊

Ⅵ　連載・教材研究のポイント

【問題提起】

1　国語の授業で「言葉による見方・考え方」を鍛えていくための方略
——教科内容の具体的解明と「深い学び」の実現に留意しながら

阿部　昇（秋田大学）

1　「見方・考え方」「言葉による見方・考え方」をどうとらえたらよいのか―学習指導要領の記述に着目しながら

二〇一七年・二〇一八年学習指導要領で「主体的・対話的で深い学び」が前面に位置づけられ、その中の特に「深い学び」との関連で「各教科の特質に応じた物事を捉える視点や考え方」が示された。それは「見方・考え方」と言い替えられている。

解説・総則編の「改訂の基本方針」には「深い学びの鍵として『見方・考え方』を働かせることが重要になること」とある。さらに「各教科等を学ぶ本質的な意義の中核をなすもの」とも述べられる。「本質的な意義の中核」というのだから、「見方・考え方」が占める位置は重そうである。

総則の提示を受けて各教科で「数学的な見方・考え方」「社会的な見方・考え方」「音楽的な見方・考え方」などが位置づく。国語科では「言葉による見方・考え方」が位置づけられている。

本稿では、まず「見方・考え方」「言葉による見方・考え方」をどうとらえたらよいかについて考えていく。そして、それをどのように具体化し、どのように鍛えていったらよいかについて述べる。最後に、今緊急に取り組むべき課題について述べていく。

＊

学習指導要領・総則に「見方・考え方」に関して次のような記述がある[1]。

各教科の特質に応じた物事を捉える視点や考え方（以下「見方・考え方」という。）が鍛えられていくことに留意し、児童が各教科の特質に応じた見方・考え方を働かせながら、知識を相互に関連付けてより深く理解したり、情報を精査して考えを形成したり、問題を見いだして解決策を考えたり、思いや考えを基に創造したりすることに向かう過程を重視した学習の充実を図ること
（傍線・阿部）

知識はバラバラでなく相互に関連づけていく。情報を簡単に信じないでよく調べる。誰かの問いを待つのではなく自ら問いを発するようにする。問題を見つけていく。そのうえで解決策を生み出す。自ら考えを創り出していく。「見方・考え方」は、それらに関わる方法ということのようである。

総論としてはわからないではないが、これらだけでは、「見方・考え方」がどういうものかはわかりにくい。

国語科の「言葉による見方・考え方」について、学習指導要領解説・国語編には次のように書かれている。

言葉による見方・考え方を働かせるとは、児童が学習の中で、対象と言葉、言葉と言葉との関係を、言葉の意味、働き、使い方等に着目して捉えたり問い直したりして、言葉への自覚を高めることである

それは「言葉の様々な側面から総合的に思考・判断し、理解したり表現したりすること」「言葉に着目して吟味すること」を含むと述べられている。

「対象と言葉、言葉と言葉との関係を、言葉の意味、働き、使い方等に着目して捉えたり」は、これまでの国語科の教科内容と何が違うのか全く見えてこない。これではあえて「言葉による見方・考え方」とする必然性が見えない。ただ「問い直し」「自覚」は、これまで強調されなかった要素かもしれない。自らの読みや書き、話す・聞くを、メタ的に振り返り、意味化（外言化）したり、評価的に見直したりという要素とも読める。また「総合的に思考・判断」は、さきほどの「関連付け」ともつながる要素である。「吟味」も批判的読解につながるものかもしれない。しかし、それでもまだわかりにくい。

学習指導要領の「国語」を見ると、今回新たに「内

容」を「知識及び技能」と「思考力、判断力、表現力等」に分けて示している。とするとその中の「思考力・判断力、表現力等」が「言葉による見方・考え方」に対応するのではないかと推測できる。「登場人物の相互関係や心情などについて、描写を基に捉えること。」「文章を批判的に読みながら文章に表れているものの見方や考え方について考えること。」などは「見方・考え方」に対応するかもしれないとも考えられる。

しかし、それにしては「知識及び技能」の部分に「比喩、反復、倒置、体言止めなどの表現の技法を理解し使うこと」「具体と抽象など情報と情報との関係について理解を深めること」「情報の信頼性の確かめ方を理解し使うこと」などが含まれる。これらは、明らかに重要な「見方・考え方」である。とすると、国語科の「内容」のどの部分が「見方・考え方」に対応するのかが、よくわからなくなってくる。

「見方・考え方」そして「言葉による見方・考え方」をどうとらえたらよいのか。以下、できる限り具体的な事例を考えながら検討していきたい。

2 国語科では「見方・考え方」を追究してこなかった

私は「見方・考え方」とは、知識や技能といったレベルを超えたより高次の教科内容ととらえる。「見方・考え方」と明示することによって知識・技能を超えた認識の方法に関わる要素こそがこれからの教育では重要なのだということを明示化する効果はある。

その意味で、今回の学習指導要領の「見方・考え方」という提起自体は、私は歓迎すべきことと考える。ただし、そのわかりにくさ、もっと言えば説明不足は問題である。「要領」という以上、要点だけを示すというものであるにしても、せめて「解説」ではもっとわかりやすい説明をすべきである。

わかりにくさを繰り返したが、特に国語という教科は、他の教科に比べて「見方・考え方」を考えていこうとするとわかりにくさが際立つ。戦後、算数・数学科の教科教育研究ではそれなりに数学的な見方・考え方は論議されてきた。社会科の歴史でも、立場による違いはあるものの歴史的な見方・考え方は検討されてきた。それに対して国語科では見方・考え方という論議は弱かった（「見方・考え方」を重視していたのは国語科では西郷竹彦くらいのものである）[2]。言語による認識、認識方法という観点での研究は極めて限定的である。

これは、国語科という教科が、「見方・考え方」以前に教科内容そのものの研究を丁寧にしてこなかったことと関わる。言語の能力を確かに育てる国語科という認識が弱かったのである。だから、「ごんぎつね」を涙を流しながら読む授業が高く評価され、その過程で子どもにどういう言語の能力が育っているかがほとんど問題にされてこなかった。また、「ごんぎつね」を読んでいく際に、それ以前の物語の授業での学びを振り返るということもほとんど行われてこなかった。言語の能力という観点が弱いために系統性が軽視されてきたのである。算数で引き算を学ぶ際に足し算に振り返らない指導はありえないのに、国語科では振り返らないのが当たり前となっている。一九〇〇（明治三三）年に「国語」という教科が出来て以来、日本では国語科の教科内容解明が約一二〇年間軽視され続けてきた。「言葉による見方・考え方」が特にわかりにくいのは、それと深く関わる。

『国語授業の改革18』で、直喩と隠喩が学習指導要領解説・国語編で「『まるで〜ようだ』などのようにたとえであることを示す語句を伴う直喩や、そのような語句を用いない隠喩」といったレベルでしかとらえられていないことの問題を指摘した[3]。直喩・隠喩で重要なのは、「ような」がある場合とない場合とでは対象の見え方・認識のあり方がどう違うのかがわかり、それを実際に見分けられ使い分けることができることである。解説・国語編では「倒置」についても「語順を逆にすること」、「体言止め」についても「文末を体言で終えること」という記述しかない。倒置も体言止めも、倒置・体言止めでない場合に比べてどう効果に違いがあるのかが重要である。しかし、そこは全く曖昧なままである。

3 「言葉による見方・考え方」の具体について考える

「見方・考え方」の「見方」とは、「視点」とあるようにどういう切り口、観点、視座から対象をとらえるかというアプローチの大きな方向性のことである。「考え方」とは、それをより具体化したアプローチの方法、思考方法のことである。――と私は見ている[4]。

例えば、説明的文章を「構造」といった観点からとらえる。これは「見方」にあたる。読むという行為は、一つ一つの語や文を読んでいく行為だが、それをあえて構造という全体の関係性の視座からとらえ直す。そして、そのために「序論・本論・結び」という典型構成を使って検討する。さらに「序論には文章の方向を読者に示す役割があるが、この序論はどういう役割を担っているか」というかたちで検討を進める。これらの方法は「考え方」にあたる。

説明的文章を「批判的・評価的に読む」という方向から検討するのは「見方」にあたる。そのために「この推論には、他の可能性を無視している要素はないのか」「論証として取り上げている事例は本当に典型的なものと言えるのか（特殊な事例ではないのか）」などの方法を使うというのは「考え方」に関わる。

私は一九九〇年代から、説明的文章そして文学的文章（文学作品）それぞれについて子どもたちに豊かで確かな言語の能力を育てるための指導過程を提案してきた。そして、その後、「読み」の授業研究会など全国の先生方、全国の国語科教育の研究者の方々とともにそれを鍛えてきた。(5)

説明的文章については、次のとおりである。

1　構造よみ――文章の構成・構造を読む過程
2　論理よみ――文章の事柄・論理を読む過程
3　吟味よみ――文章の吟味・評価を行う過程

文学的文章については、次のとおりである。

1　構造よみ――作品の構成・構造を読む過程
2　形象よみ――作品の形象・技法を読む過程
3　吟味よみ――作品の吟味・評価を行う過程

それぞれについて、そこで学び身につけるべき教科内容を提案してきた。いずれもが今回の学習指導要領の「見方・考え方」に対応するものである。これら「構造」「論理」「形象」「吟味」は、文章・作品へのアプローチの視座であるから「見方」にあたる。指導過程が文章・作品へのアプローチの大きな方向性を示している。そして、そこで駆使される読みの方法が「考え方」にあたる。

物語・小説を「構造」という観点からとらえるのは「見方」である。ただし、説明的文章と物語・小説で具体的なアプローチの方法は違う。ジャンルが違うからである。物語・小説では、そのために例えば「作品の最大の節目であるクライマックスはどこか」「クライマックスはそれ以前の設定や事件展開とどういう関係にあるか」などと検討を進める。これらの方法は「考え方」である。「形象」「技法」という観点からとらえるのも「見方」である。そのために「導入部の人物設定が、伏線としてその後の展開部・山場でどう生きるか」「その技法（レトリック）が事件展開にどういう効果を与えているか」などと検討を進める。それらが「考え方」である。

4　物語・小説における「言葉による見方・考え方」を考える

ここでは、技法（レトリック）に関わる「見方・考え方」について考えていく。技法は、普通と違った表現によって読者に新しい見方や価値を提案している。技法に着目するということは「見方」として重要である。

ただし、それだけでは深い読みとりはできない。着目したうえで、どう読み深めるかが大切である。「考え方」にあたるより具体的な方法である。すでに述べたように「体言止め」は「文末を体言で終えること」であり、強調する効果があるというようなレベルの指導は、これまでもされてきた。しかし、これでは「見方・考え方」とは言えない。読みはいっこうに深まらない。ここでは、その「体言止め」について具体的に考えていきたい。

たとえば、「スイミー」（レオ＝レオニ）で仲間を失ったスイミーが元気を取り戻す場面である。[6]

にじ色のゼリーのようなくらげ。
水中ブルドーザーみたいないせえび。
見たこともない魚たち。見えない糸でひっぱられている。
ドロップみたいな岩から生えている、こんぶやわかめの林。
うなぎ。かおを見るころには、しっぽをわすれているほど長い。
そして、風にゆれるもも色のやしの木みたいないそぎんちゃく。

いずれも体言止めだが、どういう効果を生んでいるか。効果を顕在化させる有効な方法として表現の差異性を生かすというものがある。もともと技法は普通と違った表現によって成立している。だから、普通の表現に一度戻してみる。そして、オリジナルの表現と比べる。そのことによって表現の効果を顕在化させる方法である。これは「差異性を生かした検討の方法」という意味で「考え方」に当たる。これは国語科の「言葉による見方・考え方」であると同時に、それを超えた他の教科でも有効な「見方・考え方」でもある。

にじ色のゼリーのようなくらげがいた。
水中ブルドーザーみたいないせえびが泳いでいる。
見たこともない魚たちがいた。見えない糸でひっぱられている。
ドロップみたいな岩から生えている、こんぶやわかめの林があった。
うなぎが泳いでいた。かおを見るころには、しっぽをわすれているほど長い。
そして、風にゆれるもも色のやしの木みたいないそぎんちゃくがいる。

（傍線・阿部）

通常の表現に戻すと、「くらげがいた。」「いせえびが泳いでいる。」「いそぎんちゃくがいる。」など説明臭くなる。それに対して、オリジナルは歯切れがいい。それだけでなく、「くらげ。」「いせえび。」「魚たち。」「うなぎ。」などで終わることで、読者がよりストレートに対象をイメージしやすい。印象が強くなる。つまりは、これら対象の存在感、描写性が高まる。絵画性が高まるとも言える。そのうえ、ここでは体言止めが繰り返されることでリズムが出る。そのことによって、対象が次々とスイミーの前に現れる様子が歯切れよく描写的に見えてくる（絵本らしく絵そのものが読者の前に示される）。

「体言止め」には「対象の存在感、描写性を高める効果」「絵画性を高める効果」などがあるということは、この作品だけでなく、多くの物語・小説、詩でも生きる「考え方」である（それは言語の能力につながる）。

同時に、それと関わらせながらこれらの比喩表現の特徴を発見することもできる。「にじ色のゼリー」「水中ブルドーザー」「見えない糸でひっぱられている」「ドロップ」「かおを見るころには、しっぽをわすれている」「風にゆれるもも色のやしの木」である。これらの比喩の一貫性・共通性を考える。すると、いずれも明るい肯定的な形象性をもった比喩であることがわかる。

そのうえ、どれも子どもが好きなものばかりである。「ゼリー」や「ドロップ」は子どもが大好きなお菓子である。「ブルドーザー」は、いせえびの大きさとすると、ここではオモチャのブルドーザーのイメージだろう。子どもが（特に男の子が）大好きなオモチャである。「見えない糸でひっぱられ」同時に動く子ども向けのものと言えば、マリオネットが思い浮かぶ。これも子どもが好きなものである。「風にゆれるもも色のやしの木」は、楽園のイメージである。うなぎの「かおを見るころには、しっぽをわすれている」は冗談や笑い話である。

いずれも子どもにとって好きな楽しい比喩が使われている。読者が子どもの作品だから読者がうれしく楽しくなる比喩が重ねられていることになる。そう表現しているのは語り手だが、同時にこの時のスイミーの見方と重なる。スイミーが、これらを見ているうちにだんだんと元気になってきた。また、だんだんと元気になってきたから、スイミーにはそう見えたということである。

ここでは、次のような方法（考え方）が生きている。

○表現の差異性を生かしながら効果を比べる
○体言止めの存在感・描写性・絵画性を高めるという性質に着目する
○複数の比喩表現の一貫性に着目する
○作品と（想定される）読者との関係を意識する
○比喩表現と人物の見方との重なり（シンクロ）を意識する

＊

物語・小説では、すでに述べたようにクライマックスに着目すると、大きな仕掛けが見えてくる。構造的な仕掛けとも言える。それにより作品の主題も鮮やかに浮かび上がってくる。これも重要な「見方・考え方」である。ここでは「モチモチの木」（斎藤隆介）を取り上げる。[7]「モチモチの木」のクライマックスについて、次の二つが候補として挙がる。

一つ目は、豆太がじさまの急病で、医者様を呼びに行くために家を飛び出すところである。

「医者様をよばなくっちゃ。」

豆太は、小犬みたいに体を丸めて、表戸を体でふっとばして走りだした。

ねまきのまんま。はだしで。半道もあるふもとの村まで――。

二つ目は、医者様におぶわれた豆太が、モチモチの木に灯がついているのを見るところである。

豆太は、小屋へ入るとき、もう一つふしぎなものを見た。

「モチモチの木に、灯がついている。」

いずれも事件の大きな節目であり描写性も高くクライマックス的である。ただし、導入部と展開部を丁寧に見ていくと、自然と一つに絞られてくる。「導入部の設定・展開部の事件とクライマックスの構造的連関」である。

導入部では豆太がモチモチの木をどれほどこわがっていたかが繰り返し述べられる。「大きなモチモチの木がつっ立っていて、空いっぱいのかみの毛をバサバサとふるって、両手を『わあっ。』とあげる」「夜になると、豆太はもうだめなんだ。木がおこって、両手で、『お化けぇ。』って、上からおどかすんだ。夜のモチモチの木は、そっちを見ただけで、もう、しょんべんなんか出なくなっちまう。」などとある。重要な設定であり伏線である。

展開部の霜月二十日の晩になると「そのモチモチの木に、今夜は、灯がともるばん」とあり、じさまが豆太にそれを自分も「子どものころに見たことがある。死んだおまえのおとうも見た」と語る。さらに「それは、一人の子どもしか、見ることはできねえ。それも、勇気のある子どもだけだ。」と続ける。それに豆太は「おらはとってもだめだ――。」と言い、「じさまもおとうも見たんなら、自分も見たかったけど、こんな冬の真夜中に、モチモチの木を、それも、たった一人で見に出るなんて、とんでもねえ話だ。」と思う。これも重要な伏線である。

こう見てくると、この作品で大きな核となっているのは、豆太とモチモチの木の関係であることがわかる。そうすると、家を飛び出すところも重要な節目であることは確かなのだが、豆太とモチモチの木の関係性そのものが変化しているとはまだ読めない。「モチモチの木に、灯がついている。」で、豆太とモチモチの木の関係性が大きく変化したことが読者にわかる。この作品では、「モチモチの木」が象徴的な意味をもつとも言える。題名も「モチモチの木」である。

ここでは、次のような方法（考え方）が生きている。

○導入部で繰り返される人物設定が伏線としてクライマックスで生きることに着目する
○展開部の事件が伏線としてクライマックスで生きることに着目する
○中心的モチーフが作品中で象徴的な意味をもつことに着目する
○題名と設定・事件展開・象徴の関係に着目する

なお、学習指導要領では、これらに関係するものとして「表現の効果」「登場人物の設定」「物語の展開の仕方」などの記述があるが、不十分である。少なくとも「伏線」「導入部・展開部とクライマックスの構造的連関」などといった要素は明記すべきである。

5　説明的文章における「言葉による見方・考え方」を考える

すでに述べたとおり説明的文章を「構造」といった観点からとらえることは「見方」の一つとして重要である。そして、「序論・本論・結び」という典型構成を使って読み深める。序論の典型的な役割を意識しつつ、その文章の序論の役割を解明する。これらは「考え方」である。

さらには、「なぜ説明的文章の典型構成は三部なのか」「なぜ起承転結は説明的文章の典型構成とはいえないのか」などについて検討を深めることも「見方・考え方」に関わり重視すべきである。これまでそこまで突っ込んだ意識的な論議がされることは意外と少なかった。

「序論・本論・結び」の三部構成を典型とするのは、それが最も読者にとって「わかりやすい」かたちだからである。序論がなくても説明的文章は成立する。しかし、序論なしに急に具体的な各論である本論から始められると読者がとまどう。例えば「どんなこまがあるのでしょう。また、どんな楽しみ方ができるのでしょう。」という序論があることで、読者はこれから詳しく展開される本論の内容についての心の準備ができる。

また、長い本論の文章の場合、結びがないと読者が情報を十分に整理できないことがある。結びで本論をまとめたり結論（主張・仮説）を明確に示すことで読者の理解が促進される。論説型文章の場合は説得力も増す。

だから、題名がこの文章で何を説明するのかを明示しているような場合は、序論が必要ないこともある。短い本論の場合は、いちいち結びでまとめなくても読者が十分理解できることもある。その場合は、序論や結びがなくてもよいのである。三部構成が典型であると知識・技能レベルで指導するだけでなく、そういった「なぜ」のレベルまで追究させていくことで学びは深くなる。

そうすると「起承転結」が一義的な典型になりえない理由も見えてくる。起承転結は、もともと中国の詩、つまり文学作品の典型構成である。だから、後半で意外な展開である「転」を位置づけている。転があった方が読み手としては面白い。文学ではそういう要素が大切である。しかし、説明的文章の場合は、面白さよりもわかりやすさこそが大切である。必ず後半で大きな変化、意外な変化が必要なわけではない。少なくともそういった要素は付加的なものである。だから、説明的文章では三部構成から入る（応用編として随筆的な説明的文章を書いていく場合は、起承転結を使えばよいのである）。そういったことも「見方・考え方」に深く関わる。

＊

説明的文章にとってより重要な「見方・考え方」は、批判的評価的な読みである。これもすでに述べているが、この要素は特にこれまで日本の国語の授業では弱かった。「動物の体と気候」（増井光子）の中に次の記述がある。[8]

⑩寒冷地にすむ動物は、防寒用のすぐれた毛皮を身につけている。

⑪ニホンカモシカは、日本の山がく地帯にすんでいる。ニホンカモシカの冬毛は、実にりっぱである。体から直角に毛が立つように生えているのだ。カモシカたちは、雪がふっているのに、物かげにも入らず、雪にうもれてすわっているときがあるが、その毛を見ると、なるほど、寒さ知らずなのだろうと思う。

⑫毛によって、外気と皮ふとの間に空気の層が作られ、外気の温度のえいきょうを直接受けないようになっているのである。

（段落番号・阿部）

10段落「寒冷地にすむ動物は、防寒用のすぐれた毛皮を身につけている。」が、この本論3の柱の段落である。言うまでもなくここのキーワードは「防寒用のすぐれた毛皮」である。その具体例として11段落で「ニホンカモシカの冬毛は」「体から直角に毛が立つように生えている」が示されている。そして、その理由として12段落で「毛によって、外気と皮ふとの間に空気の層が作られ、外気の温度のえいきょうを直接受けない」と述べられる。

妥当なように見えるが、ここを「例示の選択が典型的と言えるかどうか」「選択されている例示（事実）と見解相互に不整合・ズレはないか」「同じ事柄として示されている用語（概念）相互に不整合・ズレはないか」などの方法を使って吟味してみる。すると、10段落には「毛皮」と書かれているにもかかわらず、11段落・12段落には「毛」の例しか示されていないことに気づく。「毛皮」と「毛」はどういう関係にあるのか。そもそも「毛皮」と「毛」とは同じものなのか、それとも違うものなのか。相互の関係に着目していく。

「毛皮」を辞書で調べると「毛のついたままの獣の皮」「獣の毛がついたままの皮」とある。それに対し「毛」は「生物の体表に生えている糸状のもの」「哺乳動物の皮膚をおおっている細い糸状のもの」とある。ともに十種類以上の国語辞典を確認したが、ほぼそれと同一である。「毛皮」と「毛」には明らかな違いがある。「毛皮」は「皮」が中心である。それに対して「毛」は毛そのものである。

とすると、「防寒用のすぐれた毛皮」に対応した例示としては、「毛」ではなくまずは皮の厚さなど皮が特徴的な事例を示すべきであろう。しかし、ここには「毛」の例しかない。「毛皮」の具体例を示した上で毛について述べるのであればよいかもしれないが、ここでは防寒用の「毛」の例しかない。明らかな不整合である。

ここでは、10段落を「寒冷地にすむ動物は、防寒用のすぐれた毛を身につけている。」とするか、10段落がそのままならば、「毛」ではなく「皮」が防寒用になっている例を示す必要があったはずである。

この批判的読解で生きる方法（考え方）は次である。

○例示の選択が典型的かどうかを考える
○選択されている例示（事実）と見解相互に不整合・ズレはないか考える

○同じ事柄として示されている用語（概念）相互に不整合・ズレはないか考える

6　「言葉による見方・考え方」に応えられるだけの国語科の教科内容の解明が必要

いくつかの観点から「言葉による見方・考え方」の具体について考えてきたが、構造という観点、レトリックという観点、伏線などの仕掛けの観点、批判的読解の観点など、いずれもこれまでの国語科では極めて希薄だった。それは、すでに述べたように国語科における教科内容研究が明治期以来、弱かったことと深く関わる。

その点では今回の学習指導要領では、確かに「構成」「全体像」「文章全体と部分の関係」「表現の技法」「表現の効果」「登場人物の設定」「場面と場面」の「関係」など、大切な切り口がある程度は示されてはいる。しかし、大まかな「見方」＝方向性を示しただけで、明確な「考え方」は見えてこない。解説・国語編でも「文章全体の特徴」「各段落や場面が文章全体の中で果たす役割」「優れた叙述、暗示性の高い表現」「『まるで～のようだ』などのようにたとえであることを示す語句を伴う直喩」「文末を体言で終えること」「比喩の種類について整理」などとあるだけである。これらは「考え方」としてはいかにも弱い。この程度では、実際に作品を深く読めるという次元にまでは至らない。これでは国語の授業で「言葉による見方・考え方」を鍛えていくことはできない。

今回新たに位置づけられた「文章を批判的に読みながら、文章に表れているものの見方や考え方について考えること。」も方向としてはよいものだが、実際にどうすれば批判的に読むことができるのかについての記述は弱い。解説・国語編には「主張と根拠との関係が適切か、根拠は確かなものであるかどうかなど、述べられている内容の信頼性や客観性を吟味しながら読む」と書かれているに止まる。これは一般常識のレベルである。せめて解説・国語編には、どうアプローチすると批判的に読めるようになるかについてのより具体的な「考え方」を例示すべきである。

右で検討してきたように、例えば「体言止めのもつ存在感・描写性・絵画性を高めるという性質に着目する」「導入部で繰り返される人物設定が伏線としてクライマックスで生きることに着目する」「同じ事柄として示されている用語（概念）相互に不整合・ズレはないか考える」などの「考え方」を明示する必要がある。

学習指導要領でこれまでにない「見方・考え方」という新しい方向性が示されたことは評価したい。しかし、特に国語科の「言葉による見方・考え方」については、右で述べたように各学年の「内容」及びその「解説」がそれに応えられていない。不足・欠落している「内容」も少なくない。至急に改善すべきである。

このままだと、「見方・考え方」が曖昧なままに事実上無視され形骸化するおそれがある。そういう問題意識から、今回は技法、構造、批判的読解などに関わる「言葉による見方・考え方」の具体例を提案した。

国語科教育に関わる大学の研究者、小中高の先生方、教育委員会の指導主事などがさまざまなかたちで広く共同研究を行い、「言葉による見方・考え方」に十分に応えられるだけの質の高い国語科の教科内容を体系的・系統的に解明していくことが、今求められる。

注

（1）引用した学習指導要領関係文書は二〇一七年・二〇一八年の小学校・中学校・高等学校の『学習指導要領』とその『解説』である。なお、小は「児童」、中高は「生徒」となっている。ここでは主に小学校のものを引用した。

（2）西郷竹彦「子どもに生きてはたらく認識と表現の力」『文芸教育』一九八五年、明治図書などを参照願いたい。

（3）阿部昇「国語の授業で『深い学び』をどう実現したらいいのか」「読み」の授業研究会編『国語授業の改革18』二〇一八年、学文社

（4）石井英真は「見方」を「各教科に固有の現実（問題）把握の枠組み（眼鏡となる原理：見方）」、「考え方」を「対象世界（自然や社会やテキストなど）との対話の様式（学び方や問題解決の方法論：考え方）」と述べている。石井英真「『深い学び』をどうとらえるか——教科の本質を追求する授業のあり方」「読み」の授業研究会編『国語授業の改革18』二〇一八年、学文社

（5）文学的文章の詳細は阿部昇『国語力をつける物語・小説の「読み」の授業』二〇一五年・明治図書を、説明的文章の詳細は阿部昇『文章吟味力を鍛える』二〇〇三年、明治図書及び「読み」の授業研究会『説明文・論説文の「読み」の授業』二〇一六年、明治図書を参照願いたい。

（6）小学校国語教科書『国語二上』光村図書、二〇一五年

（7）小学校国語教科書『国語三下』光村図書、二〇一五年

（8）小学校国語教科書『国語五』東京書籍、二〇一五年

【物語・小説・古典の授業で「言葉による見方・考え方」を鍛える】

2　物語・小説の作品構造を読み深め「言葉による見方・考え方」を鍛える
――教材「わらぐつの中の神様」（杉みき子）〈小5〉を使って

熊谷　尚（秋田市立岩見三内小学校）

1　作品構造を読み深めることで見えてくる物語・小説の面白さ

読み研では、子どもたちに豊かで確かな「読みの力」を身につけさせることを目指し、物語・小説においては「構造よみ→形象よみ→吟味よみ」の指導過程による授業づくりを提唱している。指導過程の第一段階に当たる「構造よみ」は、作品の全体像を俯瞰的に読みとる過程である。具体的には、「導入部」「展開部」「山場」といった、比較的見えやすい作品全体の組み立て（＝構成）を捉えたり、人物相互の関係の変化、主要人物の内面の葛藤・変容などといった、やや見えにくい「事件」の形象の関係性・方向性（＝構造）をとらえたりする。後者は、事件の最大の節目である「クライマックス」に着目することで次第に見えてくる。クライマックスへの着目は、物語・小説の作品構造を読み深める重要な鍵である。

「構造よみ」をせず、すぐに文章の詳細な読みとりに入っても学習は成り立つかもしれない。しかしそれでは、授業時数が大幅に膨れ上がることが危惧されるし、何より、細部にこだわる余り、一つの作品として物語・小説を読む楽しみから子どもたちを遠ざけてしまうことにもなる。「構造よみ」で作品の全体像をとらえ、作品構造を意識しながら詳細な読みとりを進めていくことによって子どもたちは、クライマックスに向かって仕掛けられたさまざまな形象や技法を発見的に読み解き、物語・小説の面白さに迫っていくことができるのである。

阿部昇は、指導過程の最初に「構造よみ」を位置づけることの意味を次の六点に整理して述べている。[1]

1　構成・構造を読むことによって、その作品の「主要な事件」が何かを把握できる。

2　構成・構造を読むことによって、その作品の導入部と事件部分との区別をつけることができる。

3　構成・構造を読むことの中でも特にクライマックスに着目することによって、「形象よみ」で行うその作品の鍵となる部分の「取り出し」が容易になる。

4　「形象よみ」の際に、構成・構造を意識した文脈性の高い読みができる。

5　作品の構成・構造上の仕掛け（錯時法、反復される象徴形象、伏線など）が把握しやすくなる。

6　作品の主題が仮説的に把握できる。

「作品構造を意識しながら物語・小説を読む」ということ自体が、「言葉による見方・考え方」を働かせた言語活動にほかならない。それは、右に挙げたような豊かで確かな「読みの力」の育成につながるものであり、「深い学び」のある国語科の授業を可能にするものである。

2　「わらぐつの中の神様」（杉みき子）（小5）の概要と「構造よみ」

「わらぐつの中の神様」の中心人物・マサエは、祖母からわらぐつにまつわる昔話を聞き、ものごとの本質は外見ではなくその中身にあることに気づく。そして、その昔話に出てくるおみつさんと大工さんが、実は自分の祖母と祖父であると知り、それまで以上に祖父母への愛情を深めていく。ものを作った人の思いの深さや誠実な心など、真の価値を大切にする祖父母の考え方や生き方に触れ、マサエの心は成長する。作品の特徴としては、現在―過去―現在の「錯時法」で描かれていることが挙げられる。場面が飛躍的に転換する面白さに加え、最後の場面で登場人物の正体が明かされる仕掛けになっており、味わい深い読後感が残る作品となっている。

「わらぐつの中の神様」の作品構造は、次のとおりである。

【「わらぐつの中の神様」の構成・構造表】

事件

導入部　／　展開部　／　◎山場

冒頭
雪がしんしんとふっています。

発端
マサエは、ふと思い出して、台所のお母さんをよびました。

おばあちゃんの昔話

（冒頭）
――昔、この近くの村に、おみつさんというむすめが住んでいました。

（発端）
さて、このおみつさんが、ある秋の朝、町の朝市へ、野菜を売りに出かけました。

（山場のはじまり）
その次の市の日にも、またあの大工さんが来て、わらぐつを買ってくれました。

（クライマックス）
「なあ、おれのうちへ来てくんないか。そして、いつまでもうちにいて、おれにわらぐつを作ってくんないかな。」

（結末）
…白いほおが夕焼けのように赤くなりました。

山場のはじまり
「――それから、わかい大工さんは言ったのさ。……」

クライマックス
「うん。おばあちゃんの名前は、山田ミツ。――あっ。」
マサエは、パチンと手をたたいて、目をかがやかせました。

結末
マサエは、赤いつま皮の雪げたをかかえたまま、「おかえんなさあい。」とさけんで、げんかんへ飛び出していきました。

（1）「発端」に着目して「事件」の大枠を把握する

「マサエは、ふと思い出して、台所のお母さんをよびました。」を「発端」としたのは、中心人物・マサエにとっての非日常的な出来事（＝事件）がここから始まるからである。明日がスキーの日であるのに、自分のスキー靴が乾いていないことを気にかけているマサエに、「かわかんかったら、わらぐつはいていきない」と声をかけるおばあちゃん。しかしマサエは、その言葉をまったく聞き入れない。ついさっきまでお母さんを頼りにして甘えていたが、一転、人が変わったように、必死になってスキー靴に新聞紙を詰め込み始める。「わらぐつをはいてスキーをしなければならないかもしれない」という思いもしない事態によって、マサエの行動や心情が変化し、いよいよ物語が動き出す。そして、スキー靴の一件がきっかけとなり、おばあちゃんがマサエのために昔話を語って聞かせるという展開になる。「―昔、この近くの村に、……」の―（ダッシュ）が、「現在」から「過去」へ時間が遡ったことを表している。第1の場面と第3の場面は「現在」の話としてつながっており、そこへ第2の場面として「過去」の昔話が挿入された形である。

なお、第2の場面に当たる「おばあちゃんの昔話」は、作品全体の「展開部」であるが、前掲の表に破線で囲んで示したとおり、この部分だけ抜き出しても、単独の物語として十分に成立する内容をもっている。

(2)「クライマックス」に着目して「事件」の構造を把握する

「――それから、わかい大工さんは言ったのさ。……」の――(ダッシュ)は、「過去」から「現在」へ時間が戻ったことを表している。ここがこの物語の山場のはじまりである。クライマックスはどこかを検討する授業を行うと、次の2箇所に意見が分かれる場合が多い。

【ア】 「うん。おばあちゃんの名前は、山田ミツ。――あっ。」マサエは、パチンと手をたたいて、目をかがやかせました。

おばあちゃんの昔話に出てくるおみつさんと大工さんの正体が、実はおばあちゃんとおじいちゃんだったことが分かり、二人に対するマサエの見方が大きく変わる。

【イ】 「ふうん。だけど、おじいちゃんがおばあちゃんのためにせっせと働いて買ってくれたんだから、この雪げたの中にも、神様がいるかもしれないね。」

「そんなの迷信でしょ」と言っていたマサエだが、ここでは「神様がいるかもしれない」と言っている。マサエの価値観が大きく変化している。

【ア】と【イ】のどちらがクライマックスとしてふさわしいのか、本文に立ち返って考えていくこととする。

① おばあちゃんの話を聞いた後のマサエの言動

おばあちゃんは「神様が入っている」「神様とおんなじだ」「神様みたいに大事にするつもりだよ」と、「神様」という言葉を何度も繰り返して昔話を語り終える。しかし、その後のマサエの反応はどうだろう。「おみつさん、その大工さんのとこへおよめに行ったの」「おみつさんのことを、神様みたいに大事にした」「おみつさん、幸せにくらしたんだね」「おみつさんて、まだ生きてるの」と、畳み掛けるようにおみつさんのことをおばあちゃんに聞き返している。ここから、マサエの関心事は何と言っても「おみつさん」であるということがわかる。おみつさんと大工さんがその後どうなったのかが気になって仕方がないのである。

②「わらぐつ」の話題の消滅

実は、第3の場面の本文中には、「わらぐつ」という言葉が一度も出てこない。「わらぐつの中に神様だって」「そんなの迷信でしょ、おばあちゃん」というマサエの反応を受ける形で始まったおばあちゃんの昔話であったのだが、話が終わった後は、「わらぐつの中に神様がいるのか、いないのか」という話題は、すっかり脇に寄せられている。そんなことはマサエにとってまったく重要な問題ではないのである。

このことに関連して、第2の場面（過去）には、「神様」という言葉が本文中に一度も出てこない。これは、神様うんぬんのことをマサエに教えることがおばあちゃんの昔話の主旨ではないことを表している。若い頃のおじいちゃんとおばあちゃんの出会いから結婚までのロマンスを、おばあちゃんはマサエに語って聞かせているのである。

第3の場面で「現在」に戻った後は、「神様がいるか、いないか」ではなく、「おみつさんがその後どうなったか」の話題で物語が展開していく。その話題に決着がつくところ、つまり【ア】の方がクライマックスとしてよりふさわしいといえよう。結末部分を見てみると、そのことがよりはっきりしてくる。

③結末でのマサエの言動

～マサエは、赤いつま皮の雪げたをかかえたまま、「おかえんなさあい」とさけんで、げんかんに飛び出していきました。（傍線は熊谷）

なぜこんなに興奮しておじいちゃんを出迎えるのだろうか。おばあちゃんから雪げたのエピソードを聞き、マサエはおじいちゃんの意外な一面を知った。「雪げたを見せたら、おじいちゃん、どんな顔するかな」「おじいちゃんにも当時の話を聞きたいな」――楽しくて仕方がないといったマサエの様子が想像できる。

冒頭で、「みんなに笑われながら」風呂屋に出かけて行ったおじいちゃんの様子が描かれているが、そんなおじいちゃんをこんなに興奮して出迎えているところを見ると、マサエのおじいちゃんに対する見方が、昔話を聞く前と後とでまったく変わったことがうかがえる。

もちろん、おばあちゃんに対する見方もまったく変わった。おみつさんの話（大工さんとの出会いからプロポーズされるまでの行きさつ）は、思春期前期に差しかかったマサエにとって、興味を惹かれるものだったに違いない。しかも、それが自分のおばあちゃんの話だったとわかったとき、マサエは相当びっくりしただろう。目の前のおばあちゃんが、何だか今までよりも素敵な女性に思えてきたのではないだろうか。

④　種明かしの要素（錯時法の効果）

「過去」の場面のおみつさんの正体が、実はその話を語っていたおばあちゃん自身だったという種明かしが、【ア】でなされる。マサエの驚きを、読者も同時に感じ、面白さが増す仕掛けとなっているのである。現在―過去―現在の「錯時法」の構成の効果が、クライマックスで最も発揮されているといえるだろう。

これらの理由から、クライマックスは【ア】が妥当であると考える。では、クライマックスでマサエの何がどう変化したのだろうか。③で触れたように、それは、「マサエの祖父母に対する見方の変化」である。はじめは、どこかの知らない人の話だと思って聞いていた話が、実は、自分のおばあちゃんの話だったという驚きは、マサエの心を揺り動かす。今まで接してきた祖父母の意外な一面を知るとともに、祖父母の心の結びつきの強さを感じ、これまでにも増して祖父母を慕う気持ちが強くなったことだろう。

「わらぐつの中の神様」は、自分の家族を「再発見」した少女の心の成長の物語なのである。

> **「構造よみ」で駆使する「言葉による見方・考え方」**
>
> 「発端」と「クライマックス」が作品構造を読み解く鍵である。「発端」への着目により、「導入部」や主要な「事件」、「結末」などの構成が見えてくる。そして「クライマックス」への着目により、人物相互の関係性の変化や人物の内面の葛藤、ものの見方・考え方の変化といった「事件」の構造が見えてくる。

3　「わらぐつの中の神様」の「構造よみ」の授業

> 授業時期　二〇一七年四月中旬
> 授業学級　秋田大学教育文化学部附属小学校6年A組
> 　　　　　男子14名　女子17名　計31名
> 授業者　　熊谷　尚

6年生を担当した際、5年生で学習した「わらぐつの中の神様」を使って構造よみへの導入を図った。「クライマックス」検討の2時間目、予想していたとおり、「2」で挙げた【ア】【イ】の2箇所に意見が絞られていった。

以下は、その授業の様子を再構成したものである。

教師① では、今の時点で自分はアとイのどちらだと思うか、どちらかに一回だけ手を挙げてください。

ア12名　イ19名

子ども 私はイだと思います。マサエは「そんなの迷信でしょ」と言ってたじゃないですか。でもここでは「神様がいるかもしれない」と言っていて、迷信じゃないという考えに変わったからです。

子ども 前はおばあちゃんの言うことを否定している感じだったんですが、「いるかもしれないね」と、おばあちゃんに同意しているからです。

子ども 僕はBさんの意見に反対で、「いるかもしれない」だから、まだ信じ切ったわけじゃないと思います。

子ども 私は「雪げたの中にも」に着目したんですが、「にも」ということは、雪げたの中だけじゃなくてほかにも神様がいると思ったということなので……。

子ども Bさんに付け足します。「雪げたの中にもいるかもしれない」ということは、わらぐつの中には神様が絶対にいると思ったということになると思います。

子ども クライマックスは何かが大きく変化したところなので、マサエの考え方が変化したという点でやっぱりイの方が大きな変化だと思います。昨日も言ったんですが、アは変化というより、ただ単純にびっくりしただけだと思います。

子ども Cさんに反論で、Cさんは、マサエが単純にびっくりしただけだと言いましたが、かなり驚いた、というか、かなり興奮しているので、気持ちの盛り上がりはアの方が大きいと思います。

教師② 気持ちの盛り上がり？　マサエは興奮している？　どこからそれが分かるのですか。

子ども 「あっ」と叫んでいる。

子ども 「パチンと手をたたいて」のところ。

子ども 「目をかがやかせました」というところから、興奮していることが分かると思います。

子ども 「すぐふみ台を持ってきて」のところで、すぐに行動に移しているということは、それだけ興奮しているからだと思います。

教師③ 確かに相当気持ちが盛り上がっている感じで

すね。でも、なんでそんなに盛り上がったのかなあ。イの方は、神様を「信じない」から「信じる」に変わったからだと言っていましたね。では、アではマサエの何がどう変わったの。それを班で話し合ってみて。

> マサエにとっての関心事は「神様がいるか、いないか」ではなく、「おみつさんの正体はだれか」ということである。「おばあちゃん（おじいちゃん）に対する見方の変化」に気づかせることで、「事件の発展」を詳細に読み取っていく「形象よみ」へとつなげていくことを意図した発問だった。

教師④　では、班で出た考えを教えて。2班、どうぞ。

子ども　私たちの班では、おばあちゃんのことを見直したという意見が出ました。おみつさんは「村じゅうの人から好かれていました」と書いてあるので……。

子ども　自分で働いでお金を作って雪げたを買おうとしたり、弟や妹がいるので我慢したり、自分と違って偉いなあとおばあちゃんを見直したということです。

子ども　僕たちの班では、おばあちゃんの秘密を知って興奮したという意見が出ました。家族のヒストリーを知ってうれしくなって、大人の話の仲間入りをしたという気分になって……。

子ども　さっき「おばあちゃんを見直した」という意見が出て、僕たちの班も似ているんですが、おじいちゃんがドラマのいい役の人、みたいな感じで、見直したというか、かっこいいと思ったんじゃないかな、と。

教師⑤　つまり、おばあちゃんやおじいちゃんを見る目がそれまでと大きく変わったということですね。

子ども　おじいちゃんやおばあちゃんの意外な過去を知って、いいなあと思ったんだと思います。

教師⑥　前よりおじいちゃんやおばあちゃんを……。

子ども　好きになったと思う。

最後にもう一度、アとイのどちらがクライマックスだと思うか問うて、この授業を終えた。

ア23人	イ　8名

注

（1）阿部昇『国語力をつける物語・小説の「読み」の授業』二〇一五年、明治図書出版、七四頁

【物語・小説・古典の授業で「言葉による見方・考え方」を鍛える】

3 物語・小説のレトリックや仕掛けを読み深め「言葉による見方・考え方」を鍛える
――教材「少年の日の思い出」（ヘルマン・ヘッセ）〈中1〉を使って

熊添　由紀子（福岡県八女市立見崎中学校）

1　物語・小説についての「言葉による見方・考え方」をどうとらえるか

二〇一七年に告示された『中学校学習指導要領』の「第1節　国語科の目標」は次の通りである。

言葉による見方・考え方を働かせ、言語活動を通して、国語で正確に理解し適切に表現する資質・能力を（中略）育成することを目指す。

「言葉による見方・考え方」については二〇一七年『中学校学習指導要領解説・国語編』に「言葉による見方・考え方を働かせるとは、生徒が学習の中で、対象と言葉、言葉と言葉との関係を、言葉の意味、働き、使い方等に着目して捉えたり問い直したりして、言葉への自覚を高めることである」「『言葉による見方・考え方』を働かせることが、国語科において育成を目指す資質・能力をよりよく身に付けることにつながる」とある。

「対象と言葉、言葉と言葉との関係を、言葉の意味、働き、使い方等に着目して捉えたり問い直したり」することについては、「第2節　国語科の内容」にいくつかその内実がうかがえるものがある。例えば、語彙については「第1学年では語句の辞書的な意味と文脈上の意味との関係に注意すること」、話や文章の構成については「第2学年では話や文章の構成や展開について理解を深める」、表現の技法については「第1学年で比喩、反復、倒置、体言止めなどの表現の技法を理解し使うこと」

などである。

しかし、「語句の辞書的な意味と文脈上の意味との関係に注意する」とはどうすることなのか、また「話や文章の構成や展開について理解を深める」をどう授業化するのか等は授業者に任されており、わかりにくい。

さらに、話や文章の構成について、第2学年で初めて「話や文章の構成や展開について理解を深める」とあるが、これは第1学年から身につけさせるべき教科内容であり、系統性から見ても課題があるといえる。

「読み」の授業研究会（以下、読み研）では、物語・小説の指導過程を、Ⅰ構造よみ、Ⅱ形象よみ、Ⅲ吟味よみとし、今まで述べた課題に応える提起をしてきた。

阿部昇はそれについて次のように述べる。[1]

はじめに「構造よみ」で作品の「構成・構造」を読む。次にそれを生かしながら「形象よみ」で各部の「鍵」となる語や文に着目し、「形象」や「形象相互の関係」を読み深める。その際に様々な「技法（レトリック）」や「仕掛け」に着目する。その延長線上で「主題」をつかむ。最後にそれらの読みを生かしながら「吟味よみ」で作品を再読し「吟味評価」を行う。

さらに「Ⅱ形象よみ」については「構成・構造の読み（構造よみ）を生かしながら、物語・小説の『鍵』となる語や文（重要箇所）に着目し『取り出し』をしていくことである。導入部では人物紹介など『設定』部分に着目し、展開部・山場では『事件の発展』『新しい人物像』が読める部分に着目する。」と述べている。そして「取り出した語や文を、文脈と関わらせながら読み深めていく」「その際に技法や様々な仕掛けに注目する。そして、形象の読みを総合しながら構造よみで仮説的に予想した主題を確かめていく」と説明している。[2]

例えば「スイミー」では、「みんな赤いのに、一ぴきだけはからす貝よりもまっくろ。」に着目する。この文はクライマックスの「ぼくが、目になろう。」を読むための伏線になっている。このように鍵となる文を取り出してその技法を読むことが、学習指導要領で述べる「対象と言葉、言葉と言葉との関係を、言葉の意味、働き、使い方等に着目して捉えたり問い直したり」の内実になる。

国語科において「言葉による見方・考え方」を育て

るために、どのように授業を構築していけばよいのか、「少年の日の思い出」を取りあげて述べていきたい。

2　レトリックや仕掛けにこだわった「少年の日の思い出」の教材研究

「少年の日の思い出」はドイツの小説家ヘルマン・ヘッセの代表的な作品であり、高橋健二の名訳で中学校1年の教材として長い間多くの教科書に採用されている。

この作品は「客」が「私」に自分の少年時代の事件を語るという設定になっており、語り手が「私」から「僕」に転換し、現在から過去に戻る構成になっている。

また、この作品には終結部がない。導入部で描かれる現在の「書斎の場面」に戻らないため、語り手である「僕＝客」や聞き手である「私」がこの事件をどう評価したのか何も語られないまま物語が終わる。そこで読者は再び導入部の「書斎の場面」を読み直すことになる。読者は導入部に描かれていた「客」の言動の意味に改めて気づくという仕掛けになっている。

この構造の仕掛けが「ちょうを一つ一つ取り出し、指で粉々に押しつぶしてしまった」ときから何十年を経ても払拭できずにいる「僕」の蝶への思いを強調する効果となっている。

「少年の日の思い出」で繰り返し描かれているのは蝶に対する僕の「熱情」である。「僕は、八つか九つのとき、ちょう集めを始めた。」に始まる蝶収集の様子の描写は教科書一頁以上にも及ぶ。そして「あのエーミールがクジャクヤママユをさなぎからかえしたといううわさが広まった」ときから「蝶への熱情」がさらに顕在化していく。この物語の事件は「僕」の内面の心理の変化である。

形象よみでは、構造よみ（特にクライマックス）を手がかりとしながら「鍵」となる語や文の取り出しをする。次に取り出した語や文を文脈と関わらせながら読み深める。その際に技法やさまざまな仕掛けに注目する。

導入部では「時」「場」「人物」「事件設定」「語り手」を読む。「少年の日の思い出」の導入部の語り手は、前半が「私」、後半以降は「客＝僕」の一人称小説である。

指導にあたっては、最後の指導過程である吟味よみにおいて、導入部の現在「書斎の場面」が書かれている意味を考えることで、少年時代に決別しきれていない「闇」の中にいる「僕」の人物像に迫りたい。

（1）導入部の「闇」を読む

まず導入部の「闇」に絞って読む。「闇」については、次のような記述がある。

> 私は、ランプを取ってマッチをすった。すると、たちまち外の景色は闇に沈んでしまい
> 彼の姿は、外の闇からほとんど見分けがつかなかった。
> かえるが遠くから甲高く、闇一面に鳴いていた。

暗くなってきたのだから、外の景色が見えないことは自然のことであり、あえて取り立ててそれを明示する必要性はもともとない。それを「闇」という表現で取り立てているとも読める。ということは、その意味を読む必要があるかもしれない。

一つには、外の暗さが際立つからこそ、蝶が光り輝く様子が効果的に示されるという側面がある。しかし、それにしてもわざわざ「闇」とまで表現する必要はない。例えば「たちまち外の景色が見えなくなってしまい」などでも表現できる。

また、もっと外の景色を見たいのにもう暗くなってしまっているという見方を示しているとも読める。

そうだとしてもなぜ「闇に沈んでしまい」という表現なのか。「闇に沈んでしまい」は、レトリックとしては隠喩である。「沈む」は、心情を表す場合は、通常否定的なニュアンスが伴う。ここでは「しまう」とともに使われているのだから否定的なベクトルの表現と見てい い。

また「闇」そのものも、物理的に真っ暗である状態を指し示すとともに、通常は否定的な状況を比喩的に示す場合に使われることが多い。「心の闇」「社会の闇の部分」「闇に葬る」「闇取引」などである。

直接には「私」の言葉として書かれている。しかし、見方や気持ちとして「私」がここで特に否定的になっているとは読めない。しかし、作品の仕掛けとしてみると、何か否定的なニュアンスを感じざるをえない。特に「外の闇からほとんど見分けが」「闇一面に鳴いていた」など何度も繰り返されると、その印象が強くなる。

「闇一面に鳴いていた」は、視覚的な感覚と聴覚的な感覚がクロスしている面白い表現である。レトリックと

しては、提喩であろうか。

　いずれにしても、一つの読みの可能性として「闇」が繰り返し登場する以上、物理的な状況や時間帯を示すだけでなく、客の心に現在でも存在する「闇」を象徴的な意味で暗示していると読むこともできそうである。同時にこれは、物語最後のクライマックス（自分の蝶を指で粉々に押し潰す）の「闇の中」に対応する。

(2) 山場（「僕」の告白）の形象よみと主題

　クライマックスは次の部分である。

> 僕にとってはもう遅い時刻だった。だが、その前に、僕は、そっと食堂に行って、大きなとび色の厚紙の箱を取ってき、それを寝台の上に載せ、闇の中で開いた。そして、ちょうを一つ一つ取り出し、指で粉々に押しつぶしてしまった。

　「僕」の心が大きく動き、蝶集めを二度としないと決め、何よりも大切にしていた蝶の標本を粉々にする。「破局」のクライマックスである。また、読者により強くアピールする書かれ方にもなっている。「僕」にとって「宝物」である蝶の収集を「押しつぶす」ところは緊迫感や緊張感が高い。また、畳語を使ってたたみかけるような表現上の工夫もある。

　当然作品の主題にも深く関わる。美しい蝶へ熱情を傾けたことが原因で、他者を傷つけ自分を傷つけてしまった「僕」は、苦しみながらその熱情を捨てることを決意し、自分の収集をつぶすことで、自分で少年時代を終わりにする。その象徴として「ちょうを一つ一つ取り出し、指で粉々に押しつぶしてしま」うことが描かれている。

　ここでも「闇」が出てくる。もともと「ちょうを一つ一つ取り出し、指で粉々に押しつぶ」すのであれば、明るさなど関係ないはずである。なぜ暗さが必要なのか。仮にあえて暗い中で押しつぶすのであったとしても、例えば「それを寝台の上にのせ、暗い中で開いた。」あるいは「電気もつけないまま寝台の上にのせ開いた。」などとしてもよいはずである。

　なぜ暗さが必要なのか。そしてなぜ「闇の中で開いた」という表現が必要だったのかを考える必要がある。大切な標本を粉々にするという自分に耐えがたいほど苦しい行為を明るい電灯の下ではとても実行できないという面もあるだろう。

それにしても「闇の中で開いた」である。「僕」の心の闇という読み方も可能であろう。これまでの生き方を捨て、新しい生き方を選択するという要素はあっても、それは明るい嬉しい前向きなものではない。強い苦しみを伴う選択である。それを象徴的に「闇」と重ねたと読める。

そして、それはさきほどの導入部の「闇」とシンクロすると読める。それを、「僕」は大人になっても引きずっているとと読めるはずである。

3 「少年の日の思い出」の授業実践

吟味よみの授業の記録である。

授業日時	二〇一九年三月十五日（金）５時限
授業学級	福岡県八女市立黒木中学校 １年１組（男子15名・女子11名・計26名）
授業者	熊添由紀子

【本時のねらい】

構造よみ・形象よみの読みをふまえ、「僕」にとっての「少年の日の思い出」の意味を考える。

教師① 前時は山場の部を読んで、主題をとらえました。今日はこの作品の書かれ方に着目して作品の批評をします。この作品の構造上の特徴は何でしたか？

子ども 回想形式。

教師② そうですね。現在から過去のことが語られていました。他にはありませんか？

子ども 終結部がない。

教師③ そうですね。最後は僕が蝶を潰すクライマックスで終わっていました。もし終結部があるとするとどういう場面が想定されますか？

子ども 現在に戻る。

子ども 「私」と「客」の場面。

教師④ この作品は、導入部で描かれる現在の「書斎の場面」に戻らないという書かれ方をしていますが、皆さんはこれをどう思いますか？　最後に現在の場面が書かれていないことをどう評価するか、根拠を挙げながら、ノートに自分の考えを書いて下さい。

> 机間指導をしながら子どもの考えを把握する。ほとんどの子どもたちが終結部はない方がいいと書いており、あった

方がいいと書いているのは少数である。

教師⑤　では、グループにして意見を交流して下さい。

教師⑥　では、まず、現在の場面に戻る終結部はあったほうが良いというグループは発表して下さい。

子ども　客が話し終えた後、聞いていた「私」がどう思ったのかなどの反応がわかるので、私はあった方がいいと思います。

子ども　僕も最初に現在の場面があるのに最後に現在の場面が書かれていないのは話が突然終わったような感じがするのであったほうがいいと思います。

教師⑦　では、終結部はこのままない方がいいという考えが出たグループは発表して下さい。

子ども　私は教科書にある通り、終結部はない方がいいと思います。突然終わったように書いてある方が、余韻があるし、その後のことは読者が自由に想像できるのでいいと思います。

子ども　私もせっかく衝撃的なクライマックスで終わっているのに、この後に話が続いてしまったらクライマックスの感動が薄まると思います。

教師⑧　それぞれの考えを述べてもらいました。ここで、もう一度導入部を振り返ってみたいのですが、「時」では何が読めましたか？

子ども　夏の夜の「闇」が繰り返し出てきました。

教師⑨　そうですね。確認しましょう。どこですか？

子ども　（一斉に）「たちまち外の景色は闇に沈んでしまい」「彼の姿は、外の闇からほとんど見分けがつかなかった」「かえるが遠くから甲高く、闇一面に鳴いていた」

教師⑩　「闇」が繰り返し登場しました。客については何が読めましたか？

子ども　蝶収集に関して嫌な思い出を持っている。

子ども　「私」に失礼な態度をとってしまった理由を「私」に聞いてほしいと思っている。

教師⑪　そうですね。確認しましょう。どこでしたか？

子ども　（一斉に）「箱の蓋を閉じて『もう、結構。』と言った」「その思い出が不愉快ででもあるかのように」「残念ながら、自分でその思い出をけがしてしまった」「実際話すのも恥ずかしいことだが」

教師⑫　この導入部とクライマックスの書かれ方で何か

気づくことはありませんか?

子ども　どちらにも「闇」が書かれている。

教師⑬　そうですね。クライマックスでは?

子ども　（一斉に）「闇の中で開いた」

教師⑭　導入部で「闇」が繰り返して強調され、自分の蝶収集を潰すクライマックスでも「闇」が書かれている。これをどう読むか。グループで話し合って下さい。

ここが、この授業が特に「深い学び」に入っていく大きな節目である。

教師⑮　では考えたことを発表して下さい。

子ども　両方の「闇」は、どちらも夜中である「時」を表すと同時に、客の心の「闇」を表していると思う。

子ども　同じです。自分の欲望のためにクジャクヤママユを盗んで潰してしまったという心の「闇」だと思います。

教師⑯　それが何十年経った現在でも書かれているということは?

子ども　その「闇」から抜け出せていない。

教師⑰　自分の蝶収集を自ら潰すことで決別しようとした。その蝶に関わる熱情と苦しみを大人になった今でも払拭しきれていないかもしれない。とするとこの導入部は、現在の「客」の心を表す終結部の働きをしているともいえるのではないでしょうか。

注

（1）阿部昇『国語力をつける物語・小説の「読み」の授業』二〇一五年、明治図書、一七〜一八頁

（2）前掲書（1）に同じ、七九頁

【物語・小説・古典の授業で「言葉による見方・考え方」を鍛える】

4　物語・小説の吟味・批評を深化させ「言葉による見方・考え方」を鍛える
――教材「故郷」（魯迅）〈中3〉を使って

鈴野　高志（茨城県・茗溪学園中学校高等学校）

1　文学作品の吟味・批評段階での「言葉による見方・考え方」とはどのようなものか

二〇一七年『中学校学習指導要領』の中で何度にもわたって用いられ、また「深い学びの鍵」とも表現されている「言葉による見方・考え方」について、その『解説　国語編』「第4章　指導計画の作成と内容の取扱い」の中では次のように説明されている。

> **言葉による見方・考え方を働かせる**とは、生徒が学習の中で、対象と言葉、言葉と言葉との関係を、言葉の意味、働き、使い方等に着目して捉えたり問い直したりして、言葉への自覚を高めることであると考えられる。
> （筆者注・ゴチックは原文ママ）

国語の授業で何を教えるか、ということに関わってここまで踏み込んだ解説はこれまでの指導要領の中では比較的稀であるとも考えられるが、一方で、この説明だけでは実践的に何をどのように指導すればよいか、ということが今一つ見えてこない。またその「見方・考え方」の働かせ方も、一つの作品をどの程度まで読み深められている段階か、によってそのレベルが異なってくるとも考えられる。

「読み」の授業研究会（以下「読み研」）では、物語・小説における読みの指導過程を、Ⅰ　構造よみ、Ⅱ　形象よみ、Ⅲ　吟味よみ――と提起しているが、その三段階目の「吟味よみ」について阿部昇は次のように述べている。(1)

「吟味よみ」には二つの要素が含まれる。

一つ目は第一読の構成・構造の読み（構造よみ）、第二の形象・技法の読み（形象よみ）を生かしながら、作品への共感・違和感、好き・嫌い、納得できる・できないなどを意識しつつ吟味・評価していくことである。その際に、はじめは「ただなんとなく」という状態であったとしても、少しずつ作品の一語一文に根拠を求めるようにしていく。それまでの構造よみ・形象よみの「再読」が行われるようになる。

二つ目は一つ目の検討にもとづいて一人一人が「吟味文」を書いていくことである。そして、その吟味文を子ども相互が交流し、さらに吟味・評価を豊かにしていく。「読むこと」から「書くこと」への発展である。

この中で私は、「作品の一語一文に根拠を求める」という点を特に重視すべきであると考える。吟味・批判の授業は、阿部も述べているように、それまでの「構造よみ」や「形象よみ」の中で「一語一文」を根拠として読み深めてきたことを礎として行っていくべきものだからである。したがって指導要領における「対象と言葉」「言葉と言葉との関係」も、「吟味よみ」の段階においてはそれまでに丁寧に読んできた言葉だけでなく文、さらにそれらから総合的に読み取ってきた登場人物の人物像や作品の主題等も含めたものとしてとらえるべきであると考える。

「構造よみ」や「形象よみ」の中で読み取ってきた言葉や文やそれに伴うたくさんの仕掛けと主題、そういったものを根拠とすることで、単なる「感想」を超えた「深い学び」を実現するための「言葉による見方・考え方」を鍛える授業が実現するのである。

2 「故郷」の教材研究と吟味よみのポイント

魯迅の「故郷」は長年にわたって複数の国語の教科書に採用され、これまでたくさんの中学生に読み継がれてきた作品である。あまりに有名な教材であるため、もはや紹介するまでもないかもしれないが、念のため概要を確認しておくことにする。

「故郷」は、経済的な事情で実家を他人に引き渡さなければならなくなった主人公「私」が、引っ越しのために数十年ぶりに帰郷し、そこで起きたいくつかの出来事を描いた小説である。特に自分の幼馴染でもあり、「私」にとって美しい故郷の象徴的存在でもあった「閏土《ルントウ》」が、みすぼらしい姿に変わり果て、自分に対して「旦那様！」と身分の差を前提とした言葉を発してしまったことは、「私」の中の故郷に対する印象を絶望的なものへと転化させてしまう。その後、故郷を後にする船の中で、甥の宏児《ホンル》の言葉をきっかけとして「私」はかろうじて、ささやかな「希望」を見出すに至る。

　以上が「故郷」の概要であるが、この教材で「吟味よみ」の授業を行うにあたり、私は特に次の点にスポットを当ててみた。作品では船中における宏児の「だって水生がぼくに～」のセリフの後に、次のようなエピソードが挟まれている。

　それは、引っ越しの作業が始まってから毎日やってきた楊おばさんが、灰の山から「わんや皿を十個あまり」掘り出し、議論の末「それは閏土が埋めておいたにちがいない、灰を運ぶ時、一緒に持ち帰れるから」という結論になった、そして楊《ヤン》おばさんはその発見を手柄顔に、「犬じらし」という道具をつかんで走り去った、というエピソードである。

> 　母はこう語った。例の豆腐屋小町の楊おばさんは、私の家で片づけが始まってから、毎日必ずやって来たが、おととい、灰の山からわんや皿を十個あまり掘り出した。あれこれ議論の末、それは閏土が埋めておいたに違いない、灰を運ぶとき、いっしょに持ち帰れるから、という結論になった。

　この一件について、一人称の「私」ははっきりした見解を示しておらず、あくまでも「議論の末」閏土がやったこととなっているが、果たして本当のところはどうなのだろうか。

　私自身は、この部分について、作者である魯迅が読者に対し、楊おばさんの自作自演である可能性がかなり高いことを示唆するように書いているのではないかと考える。その根拠として、まず作品中に描かれてきた楊おばさんの言動や性格が挙げられる。楊おばさんは「私」と再会したさい、その「私」について「あんた、金持ちになったんでしょ。」と勝手に決めつけ、「持ち運びだって、重くて不便ですよ。こんなガラクタ道具、じゃまだから、あたしにくれてしまいなさいよ。」と、早い段階から「私」の家で所有する生活物資に目をつけていることがわかる。

またその時の帰りぎわには「行きがけの駄賃に母の手袋をズボンの下へねじ込」むといういわばコソ泥的な行為にまで及んでいる。さらに母の言葉によれば、楊おばさんは「引っ越しの作業が始まってから、毎日必ずやってき」ており、もらえる物があればもらってしまおうという意図は明らかである。そして「閏土が埋めておいたにちがいない」という結論も「あれこれ議論の末」に出されたものと母は語っているが、楊おばさんが「私」と再会した場面で「私」の境遇を根拠もなく主観的に決めつけ、畳みかけるように言いたいことだけ言って帰って行ったその様子から考えると、「わんや皿」についての「議論」も、半ば楊おばさん主導で彼女の主張が幅を利かせるように進んでいた可能性が高い。

一方の閏土であるが、彼は「私」の家を訪ねたさい、自身はどん底の生活をしているにもかかわらず「青豆の干したの」を持参してくるほど義理に厚い人物であり、席を勧められても一度はためらうほどの遠慮がちな人物でもある。自己表現の不器用な様子からも自分が所望していない「わんや皿」をわら灰の中に隠して一緒に持って行こうというような悪知恵が働く人物である根拠がどこにも見当たらないのである。

母の口から語られる楊おばさんの様子については、「閏土が埋めておいたにちがいない」と議論が決着した後、「この発見を手柄顔に、『犬じらし』をつかんで飛ぶように走り去った」という描写があり、さらに「てん足用の底の高い靴で、よくもと思うほど速かったそうだ」とまで記されている。母がそれを述べ、話を聞いた「私」がまた復唱するように語っていることを考えれば、母や「私」もまた楊おばさんの自作自演である可能性に気づきつつあると言ってもよさそうである。

次の授業実践の中で紹介しているように、閏土が「犯人」である可能性に言及した文献もないわけではないが、私は以上のように吟味していた。

3 「故郷」吟味よみの授業

以下は、二〇一八年十二月に、鈴野が茗溪学園中学校3年A組で行った授業を再構成したものである。

子どもたちは4人ずつ、10のグループに分かれて座っている。

教師① 今日の吟味よみの授業では、あの灰の山の中から出てきた「わんや皿」が、いったいだれのしわざだったかっていうこと、具体的には本当に閏土がやったことなのか、ということについて考えます。閏土なら閏土、それ以外の人ならそれ以外の人で、今まで読んできたことを根拠にして自分たちの考えを発表してもらいます。まず個人で考える時間を5分取ります。では、始め。

グループでの話し合いを始める前に、私は必ず個人で考える時間を設けている。一人一人がしっかり考えを持った上で話し合いに臨むことが大切で、そうでないと影響力の強い生徒の意見に流されてしまうおそれがあるからである。この間、生徒たちは教科書の記述や形象よみまでのノートから、自分の意見を支えそうな根拠を熱心に探している。

（5分経過）

教師② 5分経ちました。ではそれぞれのグループで話し合って、グループとしてはだれのしわざと考えるのか、そしてその根拠をできるだけたくさん挙げてください。3分でいいかな。始め。

グループでの議論が始まる。それぞれのグループの話し合いに耳を傾けると、全体的に、「楊おばさん」が犯人、という意見が多いのがわかる。「根拠は？」と問うと、「性格がいやらしい」等と言うので、どこからそれが読めるかを明らかにするよう指示して回る。

教師③ はい、時間です。話し合い、やめ。それでは、だれのしわざか、ということとその根拠を発表してください。意見があるところは手を挙げて……はい、4班。

子ども 私たちは、楊おばさんが犯人、という意見です。根拠は、「私」の家に最初に来た時に「迅ちゃん、あんた金持ちになったんでしょ。」とか「金がたまれば財布のひもを締める。」とか嫌味みたいなことをたくさん言う楊おばさんだから、閏土を犯人にでっちあげて……くらいのことはしかねないと思うからです。

教師④ なるほどね。他に……6班。

子ども 私たちも楊おばさんが自分で灰に埋めたという意見です。楊おばさんは主人公の家に来ていろいろ嫌味を言って帰るときに、「母の手袋をズボンの下にねじこんで」います。平気で泥棒する人です（笑）。

教師⑤ よく読んでいるね。ちゃんと文章中から根拠を挙げているところが立派。じゃあ、楊おばさんたちの推理どおりに閏土がやった、という意見のグループはないの？　……あれ、ないね。じゃあね、資料を配るよ。

このタイミングで子どもたちに次のような資料を配った。それは、教育出版の二〇一二年度版教師用指導書に書かれていた説である。このままクラスの結論として楊おばさんのしわざ、ということになったとしても、読みにもう一歩深まりが足りないと考えたからである。

＊参考資料

楊おばさんと母は議論し、その結果、母も「閏土」が犯人だと考えている。「私」は明確に語ってはいないが、閏土が犯人だと考える母に反論しておらず、やはり閏土が犯人だと考えていると思われる。

（中略）

誰が盗んだかということについては、多くの議論があるところであるが、この作品は、やはり閏土が持っていったというふうに思わせるように書かれていると考える。むしろ最大の問題は、閏土が「わんや皿」を隠していたのだとしても、「それはなぜなのか」という考えが「私」に全くないと思われることである。「持っていかぬ品物はみんなくれてやろう、好きなように選ばせよう」という腹づもりで母や私がいたのにもかかわらず、閏土がその時には長テーブル、椅子、香炉と燭台、大秤を持ち出しながら、日用品である「わんや皿」を持ち出さずに、わら灰の中に隠しておいたのは、おそらく彼の最後のプライドであったとも読むことができる。しかし、それを想像したり理解すべき立場にいる「私」に気づきはみられない。このように、「私」の語りの向こう側を問題にしていく必要がある。

（教育出版・教師用指導書二〇一二年版より）

教師⑥　ちょっと読んでみるね。（教師、右の文章を読み上げる。）さあ、どうだろう。これを読んで意見が変わってもいいんだよ。では再討議、３分。

（３分経過）

教師⑦　はい、では資料の内容も吟味……あ、これも吟味だね。資料も参考にしたうえで、もう一度意見を聞きます。そうだなあ、じゃあ、「閏土のしわざ説」の班、あったら挙手……おっ、２班。

子ども　閏土がやったと思うのは、閏土が生活上のさまざまな方面からひどい扱いを受けてデクノボーみたいな人間になってしまって、「私」から「自由に選んでいい。」と言われても日常で使うような物は素直に選べない、というか、少し抵抗を持ったんじゃないかということからです。

教師⑧　やっぱり資料にあるような「プライド」？

子ども　プライドっていうのとはちょっと違うかもしれないんですけど、なんていうか……心が麻痺して素直になれなくなっているっていうか……。

教師⑨　みんな、閏土がひどい扱いを受けていたことを「私」とお母さんが想像していた描写があったよね？

子ども（複数）「子だくさん、凶作、重い税金、……」。

教師⑩　そうそう、そこ。それで「デクノボーみたいな人間」になってしまった、っていうことだったたね。よく読んでいる。他に「閏土説」のグループは？……1班。

子ども　閏土説、っていうか、楊おばさんではないと考えました。楊おばさんが犯人だったら、犬じらしを手に入れるために灰の中に皿を入れて、それをあたかも自分が見つけたかのように母に言い、議論するという何段階ものことをしたことになるけど、楊おばさんの性格上そんな面倒なことはしないと思います。

教師⑪　どうして？

子ども　楊おばさんは、「私」と会った時、勝手に「金持ちになったんでしょ」って言って、「お妾が三人もいて」とか「お出ましは八人かきのかごで」とか、確かめてもいないことを勝手に決めつけるような人だから、そんな手のこんだことをするくらいなら、目を盗んで奪うか、適当に言い訳して持っていくはずだからです。

教師⑫　楊おばさんはもっと単純だってことだね。

子ども　プライド説に反対。（と挙手する。）

教師⑬　はい、じゃあそろそろグループに限らず個人の意見もOKにしよう。どうぞ。

子ども　資料に「『わんや皿』を持ち出さずに、わら灰の中に隠しておいたのは、おそらく彼の最後のプライド」ってあるけど、閏土は「私」に現在の生活の苦しさをありのままに話していたのだから、今さら閏土にそのようなプライドがあったとは考えられないです。

教師⑭　確かにそうだったね。ええと、教科書でいうと「私」が暮らし向きについて尋ねたとき、「とてもとても。今では六番めの子も役に立ちますが、それでも追っつけません……（以下略）。」って正直に話しているね。

子ども　私も楊おばさん説です。わんや皿を見つけた時、手柄として何をもらうか考えないで、迷わず犬じらしを選んで、怪しまれる前に「飛ぶように走り去った」とあるからです。

教師⑮　はい、そろそろいいでしょう。ここでは、どちらのしわざ、という結論は出さずにおきますが、大事なこと、それはどちらにしてもみんながちゃんと作品の中に書かれていたこと、あるいは授業で読み取ってきたことを根拠にして発言していた、ということです。これからの時代、今以上に世の中にたくさんの情報が溢れるようになってきますが、今日みたいに実際に書かれている言葉を根拠にして自分の立場とか意見を表すことが大事なんですね。それにしても魯迅はどうしてここの部分をだれのしわざかはっきりとわかるように書かなかったんだろうね。いろんな可能性を読者に考えさせたかったのかもしれないね。

以上のように、必ずしも教師が前もって考えていた結論とは異なる吟味を提出した生徒たちもいたが、肝心なことは「楊おばさんは悪い奴だから」とか「閏土は貧乏だから」といった単純な印象だけでの議論ではなかった、という点である。「楊おばさん」または「閏土」のいずれの結論に至ったとしても、構造よみ、形象よみを経たうえでの吟味よみにおいて、実際に書かれている言葉や文を根拠にした議論、交流が行われたという点が重要なのであり、それこそが私がここで子どもたちに身につけさせたかった吟味・批評に関する「見方・考え方」である。

注

（1）阿部昇『国語力をつける物語・小説の「読み」の授業』二〇一五年、明治図書出版、一八八頁

【物語・小説・古典の授業で「言葉による見方・考え方」を鍛える】

5　古典の授業で深い学びを生み出し「言葉による見方・考え方」を鍛える

――教材『枕草子』「うつくしきもの」（清少納言）を使って

大庭　珠枝（秋田県由利本荘市教育委員会）

1　「言葉による見方・考え方」について

二〇一七年（小・中学校）、二〇一八年（高等学校）に告示された学習指導要領において、国語科の目標は「言葉による見方・考え方を働かせ、言語活動を通して、国語で正確に（的確に）理解し適切に（効果的に）表現する資質・能力を次のとおり育成することを目指す。（後略）」（括弧内は高等学校）と示されている。当初は耳に新しかった「言葉による見方・考え方」という文言も、告示から二年が経ち、だいぶ耳慣れてきたのではないだろうか。

それでも、「言葉による見方・考え方」とはどのようなものなのかを説明しようとすると言葉に詰まってしまうことが、未だ多いものと思われる。そんなときに改めて着目したいのが、各教科等の『解説』（第1章　総説）の中にある次の一節である。（傍線は大庭）

各教科等の「見方・考え方」は、「どのような視点で物事を捉え、どのような考え方で思考していくのか」というその教科等ならではの物事を捉える視点や考え方である。各教科等を学ぶ本質的な意義の中核をなすものであり、教科等の学習と社会をつなぐものであることから、児童生徒が学習や人生において「見方・考え方」を自在に働かせることができるようにすることにこそ、教師の専門性が発揮されることが求められること。

傍線部分を国語科に置き換えると、「児童生徒が学習や人生において『言葉による見方・考え方』を自在に働かせることができるようにすることにこそ、国語教師の専門性が発揮されることが求められる」と読むことができる。これまでもそのような授業をしてきたはずではあるが、改めて言われると身の引き締まる思いがする。

「言葉による見方・考え方を働かせる」とは「対象と言葉、言葉と言葉との関係を、言葉の意味、働き、使い方等に着目して捉えたり問い直したりして、言葉への自覚を高めること」であると『小学校学習指導要領解説・国語編』（二〇一七年）で述べられている。言葉に着目して思考、判断、理解、表現、吟味し、言葉に対して自覚的になること。そして、そのようなことが「自在に」できるようになることが求められているのである。そのためには、言葉によるさまざまな見方・考え方を鍛えようとする「自覚」が、教師にも子どもたち自身にも必要であると考える。

2　古典の授業で「言葉による見方・考え方」を鍛える

古典の授業では、現代文のそれ以上に言葉そのものに対峙することになる。

例えば原文の音読。文節の区切りはどこか、現代の仮名遣いと異なるのはどこか。教師の範読を聞きながら確認し、自分で繰り返し音読しながら言葉のリズムを体の中に入れていく。

例えば読解。原文と現代語訳とを照応させながら読み、言葉の意味や書かれている内容をとらえていく。そこには、時間の経過によって変化した言葉もあれば、そのまま理解できる部分もあり、古典と現代とのつながりが実感できる。

このように、現代語訳や解説文を頼りにしながら、古典の言葉そのものや内容を、さらには書かれ方を読み解いていく学習では、「言葉による見方・考え方」が働き続け、自ずと鍛えられていく。ただし、ただ漫然とそれに期待するのではなく「どのような『言葉による見方・考え方』を鍛えたいのか」という明確な意図を持っていることが必要であると考える。

3 『枕草子』「うつくしきもの」の教材研究

1①うつくしきもの　瓜にかきたるちごの顔。②雀の子のねず鳴きするにをどり来る。③二つ三つばかりなるちごの、いそぎて這ひ来る道に、いと小さき塵のありけるを、目ざとに見つけて、いとをかしげなる指にとらへて、大人ごとに見せたる、いとうつくし。④頭はあまそぎなるちごの、目に髪のおほへるを、かきはやらで、うちかたぶきて物など見たるも、うつくし。

2⑤大きにはあらぬ殿上童の、装束きたてられてありくもうつくし。⑥をかしげなるちごの、あからさまに抱きて、遊ばしうつくしむほどに、かいつきて寝たる、いとらうたし。

3⑦雛の調度。⑧蓮の浮き葉のいと小さきを、池より取りあげたる。⑨葵のいと小さき。⑩何も何も、小さきものは、みなうつくし。

4⑪いみじう白く肥えたるちごの、二つばかりなるが、二藍の薄物など、衣長にて襷結ひたるが、這ひ出でたるも、また短きが袖がちなる着てありくも、みなうつくし。⑫八つ九つ十ばかりなどのをのこ子の、声は幼げにて文よみたる、いとうつくし。

5⑬鶏の雛の、足高に、白うをかしげに、衣短かなるさまして、ひよひよとかしがましう鳴きて、人の後先に立ちてありくもをかし。⑭また親の、ともに連れて立ちて走るも、みなうつくし。⑮かりのこ。⑯瑠璃の壺。

（段落番号・文番号は大庭）

『枕草子』は平安時代の随筆文学である。作者・清少納言が心に感じたことを書き連ねた随筆とはいえ、当然、作者は読者意識をもっていたはずである。だからこそ、人々を惹きつけて止まない魅力のある作品として今日まで読み継がれてきたのであろう。

では、「うつくしきもの」の章段には、どのような魅力があるのだろうか。「春はあけぼの」とも比較しながら教材研究をしていく。

(1) 作者ならではの着眼点のおもしろさ

「春はあけぼの」では、「そんなところに目をつけるのか」と読者をはっとさせるような意外性がおもしろさとして挙げられる。これは、随筆ならではの魅力であり、「うつくしきもの」のおもしろさとしても外せない。例えば次のようなものである。

・身近なもの

作者が取り上げているすべてのものに共通している着眼点である。「雀の子」「ちご」「雛の調度」など、宮中暮らしの中で日常的に目にするものばかりを取り上げていることが分かる。

・普通は注目しないもの

あまりにも身近すぎて、「かわいらしい」と意識して見ることのないものも、多く取り上げられている。その典型が「蓮の葉」や「葵」である。男性はもちろん、女性であってもあまり気に留めないのではないだろうか。それをあえて提示しているところに、作者ならではの着眼点のおもしろさがある。

・子どもだからこそかわいいと言えるもの

特に多く取り上げられているのが、さまざまな「ちご」の様子である。確かに「ちご」はだれが見てもかわいらしい。しかし、おすまししていたり、にっこり笑顔だったりするのではなく、何気ない日常の仕草を切り取っているところが独特である。また、例えば「③二つ三つばかりなるちごの～」（這い這いしながらゴミを見つけて拾って大人に見せる赤ちゃん）や、「⑪いみじう白く肥えたるちごの～」（長すぎたり短すぎたりする着物を着ている幼児）など、アンバランスであったりみっともないことであったりしても、その年齢の子どもであればかえってそれがかわいく見える、という瞬間を提示しているのも特徴的である。

(2) 描写の巧みさ

たくさん登場する「ちご」の様子の描写（文番号③④⑤⑥⑪⑫）、そして、第五段落の「鶏の雛」の描写（文番号⑬）が特に秀逸である。主に遠景を描いていた「春はあけぼの」とは異なり、近くのものたちのかわいらしい様子をこと細かに描写しているため、それぞれの事象を目の前で見ているかのような印象をもって読むことができる。静止画というよりは、かなりアップの動画に近い。特に第四段落以降は色彩豊かな表現も特徴的である。

(3) 構成のおもしろさ

この章段には、「ちご」と「ちご以外のもの」が織り交ぜられつつ登場する。

第一段落	「ちご以外」と「ちご」
第二段落	「ちご」
第三段落	「ちご以外」
第四段落	「ちご」
第五段落	「ちご以外」

第一段落以外は、段落ごとに「ちご」「ちご以外」のまとまりをもっているとはいえ、もっとまとめて提示することも可能であることを考えると、いささか不自然な構成に見える。さらに、第三段落の「⑩何も何も、小さきものは、みなうつくし。」にいたっては、そこまでの文脈をまとめた一文であると考えられ、一旦まとめたのに続きを書く、という構成はますます不可解である。しかし、作者が無意味に羅列しただけであるとは思われない。何らかの意図があるはずである。

では、このような構成は、読み手にどのような印象を与えるのだろうか。

まず、「型にはまっていないからこそのおもしろさ」が挙げられる。「ちごについて→ちご以外について→まとめ」のような型にはめず、あえてばらばらに提示していることで、「思いつきで書いているだけよ」とでも言っているような軽妙さや遊び心が感じられる。

これは、「ちご」だけに着目してみてもいえることである。例えば「うつくし」と感じる順に列挙することも可能なはずであるが、あえてそれをしていない。「いとうつくし」「いとらうたし」なものを散りばめられることにより、読者は「どれが一番かわいいのかな」と想像しながら読んでしまう。各季節のよさを春夏秋冬の順に述べていった「春はあけぼの」とは異なり、理路整然と書かれていないことがかえっておもしろいといえる。

また、「作者の視点と同化して読めるおもしろさ」も挙げられる。ここでいう「視点」には二つある。一つは、多様な対象の「うつくしさ」につい目を奪われ、その瞬間を見逃さない観察眼である。幼児から十歳までと幅広い年齢の「ちご」はもとより、雛や葉っぱにまでかわいらしさを見いだす、そんな好奇心旺盛で観察好きの作者の視点に思わず同化して読んでしまうおもしろさがあるといえる。もう一つは、一つの事象から次々と他の事象を連想していく脳内の視点である。一見ばらばらのようでありながら、ある程度のまとまりや関連をもたせているのである。例えば、第四段落以降は、「背丈に合わない着物を着ている子どももかわいいわ。着物といえば、鶏の雛も『衣短』のような感じでかわいいわ。雛が親鳥と一緒に走っているのもかわいいし。鳥といえば卵もかわいいわね」と、まるで連想ゲームのようにつながっていることがわかる。

なお、「かりのこ。瑠璃の壺。」という終わり方も独特である。ここまで、それぞれの対象を丁寧に描写してきたのに、突然、単語の連発で終わってしまう。どことなく違和感を感じるが、これすらも作者の計算であろう。「ああ、そういえばこんなのもあったわ」とおまけで付け足したかのような終わり方によって、かえって読者への印象を強める効果がある。

ちなみに、本章段を小学校の教科書で取り上げているのは一社のみであり、通常は中学校や高等学校で学習する教材である。しかも、第三段落までの提示例も少なくない。しかし、第四段落で述べられている「ちご」の描写の巧みさも第五段落の終わり方も、本章段の大きな魅力であり、ぜひ最後まで読ませたい。「何も何も〜」といったんまとめたように見せかけて、実はまだまだ書き足りなくて続きを書いているような、そんな文章全体の構成のおもしろさも、丸ごと読んでみて初めて気付くことである。「対象や描写に着目し、特徴や共通点を見いだす」「文章構成に着目し、構成のよさを考える」「作者のものの見方や感じ方を読み取り、自分なりの『うつくしきもの』を考え創作する」という「言葉による見方・考え方」を働かせた学びは、小学生であっても十分可能である。このように考え、本章段を小学校高学年で扱うこととし、実践を試みた。

4 指導計画—全4時間（第5学年）

第1時 「春はあけぼの」の学習を振り返り、単元の見通しをもつ。「うつくしきもの」を音読して内容の大体をつかみ、初発の感想を書く。

第2時 作者が「うつくし」と感じたものの共通点を読み取る。

第3時 「ちご」に関する叙述から、「おもしろさの秘密」を探る。

第4時 「うつくしきもの」のおもしろさの秘密をまとめ、これまでの読み取りを生かして「マイうつくしきもの」を書く。

本単元の前に「春はあけぼの」の学習をしている。作品のおもしろさを探しながら読み、作者の独特な視点（意外性）があるからこそ、読者を惹きつける作品になっているということに子どもたちは気づくことができた。

では、「うつくしきもの」のおもしろさはどこにあるのか。それを大きな学習課題として進めた単元である。

5　授業の実際—第3時

二〇一五年六月九日に、秋田大学教育文化学部附属小学校公開研究会（5年B組、男子十四名、女子十六名、計三十名）で行った授業の一部である。

本時は、本章段の中に最も多く登場する「ちご」に焦点を絞って読みとりを進めた。

> 「ちご」の部分の「おもしろさの秘密」は何か。

まず、右の学習課題を子どもたちとともに設定した。そして、一人一人に自分の考えをもたせ、グループでの話し合いをもった。そのうえで、全体の話し合いに入った。

子ども　ちごの成長を表しているところがおもしろい。例えば、③は「二つ、三つばかりなるちご」で、⑫は「八つ九つ十」ってあるから。

教師①　八班さん、似ている意見なかったかな？

子ども　いろいろな年のちごのことを書いてるからおもしろい。例えば、全部一年生くらいだと、おもしろくないじゃないですか。（※）

子ども　だんだん大きくなっていって、全部違うかわいさがあって、それが全部違うおもしろさだと思う。

子ども　清少納言の見方がおもしろい。例えば③。普通は小さい子がゴミを拾って見せてもかわいいと思わないけど、清少納言はかわいいと思っている。そこがおもしろい。

教師②　ゴミを取って見せるって、君たちぐらいの子どもがやったらどう？

> 「もし〜だったら」と叙述とは異なる状況を想定して比較して考え、理解を深めることも、「言葉による見方・考え方」を鍛えることの一つであると考える。

子ども　（口々に）なんかかわいくない。ちっちゃい子が何かをしたら、何でもかわいく見えちゃう。

教師③　もうちょっと大きい子だったら変なことだね。だけど、ちっちゃいからかわいいってことかな？　他の部分にもあるかな？

子ども　⑫も、大人が幼い声だったら変。

子ども　④も髪をはらわないでそのまま見ているのは、大人がやってたらおかしい。

一つの叙述を例に挙げて思考してきたことを、他の叙述にも広げていくことで、思考をより確かなものにする。これも「言葉による見方・考え方」の一つであると考える。

子ども　言葉の使い方で、「いとうつくし」「うつくし」「みなうつくし」「らうたし」と分けていること。

教師④　どうしてそこがおもしろいの？

子ども　全部同じだとつまんない。工夫がなくてまっすぐな感じの作品になってしまう。

教師⑤　全部同じだと、工夫が感じられないんだね。あれ？　これ、さっきの誰かの話と似ているなあ。

子ども　Sさんが言ってた。「いろいろな年齢を混ぜているからおもしろい」って。（前頁の※の発言）

板書をもとに話し合いを想起し、考え相互の共通点を見いだす。ポイントとなるところで教師があえて立ち止まり、そのきっかけをつくることも「言葉による見方・考え方」を鍛える上で有効であると考える。

子ども　この文章には当たり前のところとそうではないところがあって、意外性があるなと思った。

教師⑥　当たり前のことを書いてて、何がおもしろいのかな？

子ども　自分たちもいつも見て感じていることだけど、清少納言さんがこうやって書いたのを読むことで「ああ、そうだよな」って共感できるからおもしろい。

子ども　当たり前のことだったら普通は書かない。それをあえて書いているのが意外性だと思う。

他にもさまざまな「おもしろさの秘密」を発見した子どもたちである。その中で、「春はあけぼの」の学習でもキーワードとなった「意外性」が本章段にもあることと、それらの意外性の質が異なることに気づいたのは、まさに「言葉による見方・考え方」を働かせたことによる「深い学び」であったと考える。これからも、「言葉による見方・考え方」を働かせて読み深める古典の授業を通し、古典を楽しむ子どもたちを育てていきたい。

【説明文・論説文の授業で「言葉による見方・考え方」を鍛える】

6　説明文・論説文の文章構造を読み深め「言葉による見方・考え方」を鍛える

——教材「花の形に秘められたふしぎ」（中村匡男）〈中1〉を使って

町田　雅弘（茨城県・茗溪学園中学校高等学校）

1　「言葉による見方・考え方」をどうとらえるか

二〇一七年・二〇一八年告示の学習指導要領の国語では「言葉による見方・考え方」が重視されている。それについて、中央教育審議会・国語ワーキンググループは次のような報告をしている。(1)

中学校では、伝えたい内容や自分の考えについて根拠を明確にして書いたり話したりすることや、複数の資料から適切な情報を得てそれらを比較したり関連付けたりすること、文章を読んで根拠の明確さや論理の展開、表現の仕方等について評価することなどに課題があることが明らかになっている。

新学習指導要領では、主体的な学習、主体的な言語活動が求められている。ただし、思いつきで発表すればよいというものでもない。そこには根拠が必要である。根拠をつけることによって論理が生まれる。論理的な授業の改革が急務であることは言うまでもない。

右の報告では、次のような記述もある。

言葉による見方・考え方を働かせ、国語で正確に理解し適切に表現することを通して、国語に関する資質・能力を次のとおり育成することを目指す。①社会生活に必要な国語の特質について理解し適切に使うことができるようにする。②創造的・論理的思考や感性・情緒を働かせて思考力や想像力を豊かにし、社会生活における人との関わりの中で、言葉で自分の思いや考えを深めることができるようにする。③言葉を通じて伝え合う価値を認識するとともに、言語文化に関わり、言語感覚を豊かにし、国語を尊重してその能力の向上を図る態度を養う。

「言葉で自分の思いや考えを深めることができるようにする」「言葉を通じて伝え合う価値を認識」とあるように、教材を分析した結果を自身の言葉で発信することが必要である。それは多様な他者の中で発信することにより、より客観性が身についていく。その発表の場として最もふさわしいのは授業であるのは言うまでもないことだ。

教材を深く分析する方法を共有することで、そこに発表が生まれ、論議が生まれ、個人個人がより客観的な視点を身につけていくことは可能である。今回は、「花の形に秘められたふしぎ」を教材として構造よみの授業を行ったが、それを通じて「言葉による見方・考え方」をどこまで鍛えることができたか考えてみたい。

2 「花の形に秘められたふしぎ」（中村匡男）

「花の形に秘められたふしぎ」は、中1（教育出版）の教科書に掲載されている。自然写真家である中村匡男の著作『草花の不思議』より教科書用に抜粋・加筆されたものである。「文章の構成や表現の特徴を捉えて読む」という単元に位置する教材である。

花の形が多様であることに着目し、そのことと訪れる昆虫の種類とが関係することを解き明かす。また、それは花が昆虫に効率的に受粉の確立を高めてもらうことにつながることも述べる。典型的な論説型の文章である。

本教材にはグラフ・写真・解説図が掲載されており読解の一助となっている。また、本文中には調査結果としての数字が多用されており文章に説得力を与えている。その上、4段落に「この調査をしてわかったことが二つある。一つは……。そしてもう一つわかったことは、……」とあり、ナンバリングの手法が用いられており、文章を読みやすくするための工夫が凝らされている。吟味よみをする時に指摘したい特徴だ。

3 「花の形に秘められたふしぎ」の構造

説明的文章の典型構成は、序論・本論・結びである。この教材はそれにあてはまる。序論では、その文章の方向性が示される。問題が示されることが多いが、先に序論で「結論」を示すこともある。本論では、具体的な説明や解明が行われる。結びでは、本論で述べてきたことをまとめたり、総括的に結論として示したりする。構造的に把握することで、文章の論理の大きな流れが見えてくる。そして、「何を述べようとしているのか」また「結論として何を述べたいのか」が見えてくる。

まず序論がどこかを考える。1段落は次のとおりである。

> 皆さんは、夏の高原を訪れたことがあるだろうか。そこには、さまざまな花が咲き乱れている。赤、黄、紫など色とりどりであり、また形も、お皿状のもの、横向きのラッパ状のもの、細長い筒状のものなど、実に多様である。花の形がこれほどまで多様で異なっているのは、なぜなのだろう。

「花の形がこれほどまで多様で異なっているのは、なぜなのだろう」とある。これは、明らかに問題提示である。この問いに対する答えはどこにあるか探してみる。すると、最終段落の16段落に「花の形の多様さは、……ために、長い年月をかけて作り上げてきた成果なのである」とある。この関係は明らかに問いと答えの関係である。それぞれが文章の最初の段落と最後の段落にあることを考えると、それぞれが序論と結びを表している可能性が高い。本文章で筆者が何を述べようとしているかが見えてくる（傍線と枠囲み・町田、以下同様）。

次に、2段落から15段落の内容から構成を考えてみる。2段落には「私たちは、これらの多様な花々の謎に迫るため、花に集まる昆虫を詳しく調べてみた」とある。「調べてみた」ということは、1段落の問題提示の解き明かしがすでにスタートしていると考えられる。

よって、序論は問題提示のある1段落のみとなる。また、この「昆虫の調査」は具体的には池の平湿原での調査であり、それが3〜4段落で述べられている。ここまではひとまとまりである。つまり2〜4段落が本論1である可能性が高くなる。

4段落に「この調査をしてわかったことが二つある。」とあり、2〜3段落を総括的に意味づけていることがわかる。一つは、花には多数の昆虫が訪れるということ。もう一つは、花の種類によって訪れる昆虫の種類が異なり偏っているということである。

次にその4段落で明らかになった二つ目の事実から、新しい問いを5段落で提示する。

こうした偏りはなぜ起きたのだろうか。その原因を調べるために、私たちは、これらの花とそこに訪れる昆虫の行動を、じっくり観察することにした。

「こうした偏りは なぜ 起きたのだろうか」という新たな問題提示が生まれた。この問いを解き明かすためにいくつかの昆虫の行動をじっくりと観察している。そして、この問題提示の答えは8段落に出ている。その最後の文が次である。

このことから、花によって訪れる昆虫に偏りが見られるのは、それぞれの花の形によって、蜜をなめる昆虫の数が、ある程度制限されているから、と考えることができる。

だから、5~8段落でひとまとまりになる。これが本論2である。

続く9段落では、さらに次の疑問が示される。

ここでさらに、次の疑問が起こる。それは、なぜそれぞれの植物の花は、特定の種類の昆虫が訪れて蜜をなめるようにしているのか、ということである。

この疑問に対する答えは、15段落にまとまっている。「植物は、それぞれの花の形と昆虫の組み合わせを、ある程度決める ことによって 、受粉の確立を高めているのだ。」よって、9~15段落がひとまとまりになると考えられる。本論3である。

そして、次の16段落が来る。第2文・第3文である。

その観察結果から私たちは、花に秘められた謎に迫ることができた。つまり、それぞれの植物は、自分の花粉を効率よく運んでくれる昆虫がより多く集まるように、花の形でコントロールしているということだ。

16段落が結びとなる。

以上のように見てくると、かなりの程度その文章の論理関係や構成が見えてくる。

また、「問題提示」には大きく分けて二種類があるようである。一つは、5段落や9段落の問題提示のように、文章の一部分に関わるもの。もう一つは、1段落の問題提示のように文章全体に関わるものである。特に、後者のタイプの問題提示は序論となる。前者を「小問題提示」、後者を「大問題提示」と呼ぶ。そして、前者は後者をサポートしているととらえられる。

右で検討してきたような「序論の役割」「結びの役割」「問いと答えの対応」「中間的結論と新たな問いの関係」「大問題提示と小問題提示の関係」などへの着目は、「言葉による見方・考え方」と言える。

構造を表にまとめると下段のとおりとなる。

序論	本論			結び
1	2―15			16
	2―4 本論1	5―8 本論2	9―15 本論3	
問題提示 花の形が多様で異なるのはなぜか	多くの昆虫が訪れ、花により種類が違う	花による偏りは花の形により蜜をなめる種類が制限されるから	植物は花の形と昆虫の組み合わせで受粉確率を高めている	結論 花の形が多様で異なるのは、花粉を効率よく運んでくれる昆虫を集めるため

4 「花の形に秘められたふしぎ」の授業展開

「読み」の授業研究会が目指す主体的な子どもの姿は、教師の発問や説明がなくても、子ども自身が自力で文章の読解ができるようになるというものである。そのためには、子どもたちに確かな読みの力を身につけさせることが必要である。その読みの力の内実こそが、「言葉による見方・考え方」である。

論説型の文章を読む場合は、三つの指導過程で指導していく。文章を俯瞰する力を養う「構造よみ」、段落相互の論理的な結びつき方を理解し要約する力を養う「論理よみ」、作品に見られる筆者の表現上の工夫点や曖昧な点を発見し文章を書く力に結びつけていく「吟味よみ」である。この授業は、「構造よみ」の授業である。

町田が二〇一四年に茗溪学園中学校の1年生を対象に行った授業を再構成したものである。

3人1グループの12グループで討議。学習リーダーを1名おく。発問は「本教材の前文・本文・後文はどのように考えられるか」。まずは個人で考える時間を充分にとった後で、グループでの話し合いを行う。

序論は、三つに分かれた。

A　序論は1段落

B　序論は1～2段落

C　序論は1～5段落

（以下、子どもの後の括弧のA・B・Cは、それぞれそれを支持していることを示す。）

教師①　序論が三つの案に分かれています。理由が発表できる班はありますか。

子ども（B）　この文章は池の平湿原での調査の話なので、そのことを述べている2段落までが序論だと思います。序論は文章の方向性を示すっていうし。この話は、池の平湿原の植物の話です。だから2段落までです。

子ども（C）　でも、2段落で「詳しく調べてみた」って書いてあって、3段落で「調査の方法は」って書いてある。2段落と3段落はつながっていると考えた方がいいと思う。

子ども（C）　私たちは5段落までが序論の意見ですが、ここまでは続いていて、「こうした隔たりはなぜ起きたのだろうか」という問題提示があるから、ここまで序論だと思います。

子ども（A）　問題提示だったら、1段落にだってあります。「花の形がこれほどまで多様で異なっているのは、なぜだろう」ってあります。

教師②　Bの意見の人たちは、池の平湿原の植物について説明してある文章だ。だから前文の2段落でその方向性を指示しているって言っている。AやCの人たちは、何について書いてある文章だというの？

子ども（C）　16段落にも「訪れる昆虫の種類が大きく偏っている花があることが分かった」と書いてある。この話は、訪れる昆虫に偏りがある花について述べている話です。だから、5段落までが序論です。

子ども（A）　16段落にも「花の形の多様さは、それぞれの植物が、タネ（子孫）を確実に残すために、長い年月をかけて作り上げてきた結果なのです」とあるし、この話は、花の形に多様性がある理由について述べている文章です。

子ども（B） Bだって16段落にも「今回の調査をとおして、池の平湿原で咲く……」ってある。

教師③ なるほど。（それぞれ板書する。）では、それぞれの班に対する反論を練ってみよう。

（グループでの話し合い）

（話し合いを終了し学級全体での討論）

子ども（A） Cに反論です。Cの問題提示「こうした隔たりはなぜ起きたのだろうか」という問いは「なぜ」ときいているのだから、理由を答えなくてはいけないと思う。16段落に書いてある「訪れる昆虫の種類が大きく偏っている花があることが分かった」は理由ではないので、答えにならないと思う。」

子ども（B） Cに反論です。答えが書いてあるのは16段落ではなくて8段落だと思います。「花によって訪れる昆虫に偏りが見られるのは、それぞれの花の形によって、蜜をなめる昆虫の種類が、ある程度制限されるから」です。「から」って書いてあるから理由です。ここでもうすでに理由が出てしまっています。だとすると、この文章で解き明かそうとしている内容は、この問題提示だけではないと思います。

子ども（A） Cに反論です。9段落を見ると「ここでさらに、次の問題が起こる」って書いてあります。話題が変わっていて、5段落の疑問はすでに解決したということを表しているのではないでしょうか。」

教師④ Cの人たち、再反論ありますか。納得かな？　どうも5段落の問題提示は、文章全体で解き明かそうとしている疑問ではなさそうですね。一部分だけ。ということは、Cは序論はでないということだね。さて、A・Bどちらでしょう。

子ども（A） Bへの反論です。この文章は、本当に「池の平湿原の植物」について述べようとしているのでしょうか。そうは思えません。「池の平湿原の植物」の特徴というよりは、「池の平湿原の植物」を利用して、花の形全般について述べようとしていると思います。

教師⑤ Bの人たち再反論ありますか。

子ども（B） その根拠はありますか。

子ども（A） 16段落を見ると「その観察結果から私たちは、花に秘められた謎に迫ることができた」と書いてある。それで「花粉を効率よく運んでくれる昆虫がより多く集まるように、花の形でコントロール」になる。池の平湿原の観察結果から、花全般の謎に迫っているのではないかと思います。

子ども（A） タイトルも「花の形に秘められたふしぎ」だし。1段落の「花の形がこれほどまで多様で異なっているのは、なぜだろう」の問題とぴったり合う。

教師⑥ タイトルは文章の内容を表していることが多いよね。もしもタイトルが「池の平湿原の花の形に」だったとしたら、ずいぶん違っていたと思うけど。このタイトルと、問題提示、それにさっき発表してくれた16段落の結論「植物は、自分の花粉を効率よく運んでくれる昆虫がより多く集まるように、花の形でコントロールしている」がぴったりそろっていて一貫性があるよね。

子ども（A） それに、2段落は「謎に迫るため……詳しく調べてみた」って書いてあるし、すでに解き明かしが始まっているといえるんじゃないかな。

教師⑦ そうだね。多様である理由を調べるための調査だもんね。解き明かしがすでに始まっているといえるね。この文章で述べようとしていたことは、「花の形が多様である理由（そのふしぎさ）」のようですね。前文は1段落と読めそうだね。

注

（1）中央教育審議会・国語ワーキンググループ「審議の取りまとめ2．育成を目指す資質・能力を踏まえた教科等目標と評価の在り方について」二〇一六年

【説明文・論説文の授業で「言葉による見方・考え方」を鍛える】

7　説明文・論説文のロジックや思考方法を読み深め「言葉による見方・考え方」を鍛える

——教材「あなのやくわり」（にいだゆみこ）〈小2〉、「めだか」（杉浦宏）〈小3〉を使って

加藤　郁夫（大阪大学非常勤講師）

1　問いと答えの関係を考える

最近、『国語教育評論』(1)を読み返していて気になったことがある。8号の永橋和行の実践(2)で、教材は「わらとくらし」（日本書籍4年下・一九八七年）の8段落である。

> ①また、細いなわにわらをあみこんで、わらじやぞうりを作りました。②わらじは、足にしっかりとくくりつけるはきものです。③四百年くらい前に江戸の町が栄えてきて、地方との行き来がさかんになると、わらじは、旅をする人の便利なはきものとして、広く利用されるようになりました。④ぞうりもこのころからよく使われるようになりました。⑤それまでは、多くの人々は、はだしだったのです。
>
> ＊①〜④は、加藤が付した文番号。以下の引用も同様。

この文章の柱の文をめぐって、永橋は次のように述べている。

> 論理関係ですが、まず①文が柱の文であることは比較的わかりやすいとおもうのですが、⑤文を柱の文だと考える子どもが出てくるかもしれないと思いました。それは、わらじとぞうりの説明を①〜④文までしていて、その結果はだしだったというしぼりこみをする子どももいると考えたのです。

永橋は①文を柱としつつも、子どもたちからの誤答として⑤文を想定している。確かに、⑤文をどうとらえるかは、ここだけで考えると悩ましいといえる。また、③

文と④文は、わらじやぞうりが江戸時代に広く利用されるようになったことを述べており、①文の内容より多くのことを述べているので、こちらを柱と考えることもできなくはない。永橋の実践は、8段落を提示しているだけで「わらとくらし」の全体像は示していない。

論理よみでは、「柱」をもとに、段落や文関係を読んでいくのだが、先の文関係はどのようにとらえるのがよいだろうか。私は、次の二つの指標で考えている。

A柱　←　くわしい説明や例

B柱　←　理由・原因・条件・前提

先程の文章において、①文が柱で、②～④文はくわしい説明でよいのか。それとも①②文でわらじとぞうりを提示し、③・④文でそれを発展させているのか。⑤文も柱の文になるのか。

柱を考えていく時、しばしば右のように意見が割れて、どう収拾したらよいか困ってしまう場面がある。

古い教科書を探して、「わらとくらし」の原文にあたってみた。すると、この文章は3段落で次のように問題提示していることがわかった。

> それでは、わらはどんなすぐれた点をもち、どんな物に使われているのでしょうか。

つまり、「わらのすぐれた点」と「どんな物に使われている」かを説明した文章なのである。実際、問題提示を受け4段落で「やわらかくて、じょうぶだ」というすぐれた点を述べ、5段落で「しめなわ」、6段落で「雪づり」に使うなわ、7段落で「もっこ」とわらが使われるものを述べて、8段落に続いている。

3段落の問題提示をふまえて、8段落をみれば①文がその答えになっていることはすぐわかる。そうなると、永橋の言うように①文を柱と考えてよさそうである。⑤文は、問題提示に照らして考えると、わらじやぞうりが作られる以前のことで、つけたしと考えてよい。

小学1年の説明文は、どの教科書においても問いと答えが繰り返し出てくる文章で始まっている。光村図書「くちばし」、東京書籍「どうやってみをまもるのかな」、教育出版「すずめのくらし」などである。説明文における問いは、筆者がわからないから問うているのではない。筆者が説明しようとすることに読者の目を向けさせていくのが問いの役目である。問いに着目することは、筆者の述べようとすることに目を向けることである。1年から説明文で問いと答えの関係をとらえるように教えることで、子どもは問いに対して意識的になり、その答えを探す読み方ができるようになっていく。

2　「あなのやくわり」で問いと答えを読む

「あなのやくわり」は東京書籍小学2年下に収録されている。2年で学習する最後の説明文である。

〈はじめ〉の1段落に「あなは、何のためにあいているのでしょうか。」という問い（問題提示）があり、〈なか〉で五十円玉、プラグ、うえ木ばち、しょうゆさしの四つを取り上げ、それぞれの穴の役割を説明し、〈おわり〉の6段落でまとめている。

「はじめ―なか―おわり」の三部構成で、〈はじめ〉に問いがある説明文である。その点では光村図書小学2年下の「おにごっこ」も同様だが、2年の終わりの時点で、説明的文章の基本的な構成を確認するのにふさわしい教材といえる。説明的文章の読み方指導の系統性から考えても、2年の終わりにふさわしい位置づけである。

読み研では「柱」という用語を用いているが、小学校学習指導要領国語〔第3学年及び第4学年〕の「読むこと」では、「目的を意識して、中心となる語や文を見付けて要約すること」とあり、「中心となる」と表現している。いうまでもなく、柱も中心も比喩である。中心といっても、真ん中に位置しているわけではない[3]。

学習指導要領にあるように、柱の段落や文を明らかにしていくのは小学3年以降でよい。また、柱の段落や文を考えていくことは、難しい課題でもある。それゆえ「柱の段落はどこか？」「柱の文はどれか？」と問うのではなく、前述のように問題提示との照応で考えていく。

五十円玉について述べた2段落は次のようである。

> ①五十円玉の　まん中には、あなが　あいて　います。②これは、さわった　ときに　百円玉と　くべつする　ための　あなです。③むかしの　五十円玉は、百円玉と　同じくらいの　大きさだったので、まちがえる　人が　いたのです。④そこで、五十円玉に　あなを　あけ、さわった　ときに　くべつできるように　したのです。

この文章では「あなは、何のためにあいているのでしょうか。」という問いが最初に提示されている。したがって、読みとるべきはその答えとなる箇所である。「答えになる文はどれか？」と考えていくと、②文が見えてくる。低学年では「どれが柱の文か」といった考え方をしていくよりも、答えになる文はどれかと考えていく方がわかりやすい。低学年で、問いと答えの照応をしっかりととらえられるように指導していくことが、中学年での柱の（中心となる）段落や文を考えていくうえで、役立っていくのである。

ただし、問いと答えの照応関係を読みとる際に、そこだけに目を向けるように指導してしまうと、文章読解は空疎で味気ないものになってしまう。要約指導にもまま見られることだが、答え以外の文は不要なもののようにとらえてしまうことがある。答えだけを見て、それでよしとすることは、一見効率的であるかのように見えるが、貧しい読解といえる。大事なことは、答えにあたる文（柱の文）と他の文との関係である。先の文章でいえば、なぜ区別するための穴が必要だったのかが次に述べられている。低・中学年では、短くまとめることだけでなく、一つ一つの具体的な説明をきちんと読みとっていくことが大事になる。

それゆえ、穴の空いていない昔の五十円玉と百円玉を実際に手にとって、間違いやすいかどうかを子どもたちが自分の手で確かめてみるといった経験をさせてみるのもよいだろう。書かれてあることがその通りであるかどうかを、体験して確認するのである。そのことで、文章の内容がより実感的に子どもたちのものとなっていく。要約指導は、このような実感をもった読解指導に裏打ちされていくことで、意味を持つのである。

3 「めだか」で問いと答えを読む

「めだか」は教育出版小学3年上の説明文である。「めだか」には、文章全体に関わる問題提示がない。〈はじめ〉は話題提示の役割で3段落に次のような問いがある。

> では、めだかは、そのようなてきから、どのようにして身を守っているのでしょうか。

この問いに答えるだけの文章であれば、文章全体の問題提示といえるのだが、9段落で次のように述べる。

> めだかは、こうして、てきから身を守っているだけでは

ありません。めだかの体は、自然のきびしさにもたえられるようになっているのです。

敵から身を守ることだけではなく、自然のきびしさに耐えるめだかの体についても述べているのである。ここから、3段落の問いが文章の一部に関わる小さな問題提示であることがはっきりする。文章全体に関わる問題提示がなく、小さな問題提示をいくつか重ねて述べていく文章は、小学校・中学校の教材にはしばしば見られる。問いを意識する読み方が身についていくことで、このようなパターンの文章の読解は容易なものとなっていく。

「めだか」の構成を次に示す。

はじめ	1～2段落	話題提示
なか	3～11段落	
なか1	3～8段落	身の守り方
なか2	9～11段落	自然のきびしさにたえられる
おわり	12段落	まとめ

＊冒頭の『めだかの学校』の歌を1段落とする

すでに述べたように、問いは筆者が述べようとすることに目を向けさせるためのものである。したがって、答えにふさわしい箇所を見つけることで、問いと答えの関係がわかり、そのことで全体の構成も見えてくる。

5～8段落では、めだかの身の守り方が述べられているが、「第一に」「第二に」とナンバリングされて整理されているのでわかりやすい。5段落は次のようである。

①第一に、小川や池の水面近くでくらして、身を守ります。②水面近くには、やごやみずかまきりなどの、てきがあまりいないからです。

「第一に」「身を守ります」から、「どのようにして身を守っているのでしょうか」の問いに答えている①文が柱であることがわかる。そのうえで、①文と②文の関係を考えるのである。②文は①文の理由になっている。

4　問題提示の答えが柱となる

論理よみでは、柱の概念を基本にして、段落（文）相互の関係を読みとっていく。

読み研編『国語力をつける説明文・論説文の「読み」の授業』（二〇一七年　明治図書）では柱について、次のように述べている。

「柱」とは、その段落もしくは文がないと文章が意味を成さなくなる、文章の骨格ともいえる段落・文のことである。

柱は、問い―答えの関係をつかむことで明らかにできる。そう考えると、「柱」とは、筆者の述べようとする要点となるところとも言える。問いと答えの関係から柱を明らかにし、柱となった文（段落）と他の文（段落）との関係を考えていくのである。

先に引用した五十円玉の文章で、②文「これは」の指示内容は、①文の「五十円玉のまん中」の「あな」である。とすれば、②文は五十円玉のあなのくわしい説明と言えなくもない。③④文は、あなが作られた理由である。そのように関係づければ、①文が柱と言えなくもない。

つまり、文関係だけでとらえようとすると、柱であるかどうかの判断がわかりにくいことがある。

もう一つ見てみよう。「めだか」の10段落である

①夏の間、何日も雨がふらないと、小川や池の水がどんどん少なくなり、「ふな」や「こい」などは、次々に死んでしまいます。②でも、めだかは、体が小さいので、わずかにのこされた水たまりでもだいじょうぶです。③小さな水たまりでは、水温がどんどん上がりますが、めだかは、四十度近くまでは、水温が上がってもたえられます。

右の文章ではどこが柱だろうか。①文では雨が降らないとふなやこいが死ぬこと、②文はめだかは生きていることを述べる。①文と②文は対比の関係と読める。そして③文は、②文の理由を述べている。そう考えてくると、①文と②文の二つが柱といえなくもない。

しかし、この文章の前の段落で、「めだかの体は、自然のきびしさにもたえられるようになっているのです。」とあり、そのことをくわしく説明している段落である。そこから考えると、①文と②文では、問題提示に答えていないことになる。問題提示を意識することで、③文だけもしくは②文と③文の二つが柱ということになる。

従来の柱と、柱以外の指標は、柱の文に対して他の文がどのような関係にあるかを、言い換えればどのような論理展開で述べているかを明らかにするものと考えて

いく方がよい。柱は、問題提示（問い）との関係で読みとるのである。その意味では、問題提示の読みとりが、文章の構成、論理の読みを支えるものとなっていく。

5　問いを意識した「めだか」の授業

以下の授業は、加藤が二〇一六年六月、高知県の北ノ川小学校で3年生から6年生21名を対象に行ったものを基に再構成したものである。

教師①　文章の組み立てがわかると、その文章が何を言っているかがはっきりとつかめます。「めだか」には、問いはありましたか？
子ども　ある。４段落。
教師②　４段落でいいですか？（子ども「はい」の声）では、問いの文に赤線を引いてください。
教師③　この問いは、めだかが「どのようにして身を守っている」のかわからないから聞いているの？
子ども　ちがう。
教師④　なぜ筆者は、自分が知っていることを聞くの？
子ども　めだかの身の守り方を説明しようとして問いを出している。
教師⑤　それなら、「めだかは、そのようなてきから、いろいろな方法で身を守っています。」でもよくない？
子ども　……
教師⑥　みんなも、自分がわかっていることを人に聞くことない？（少し間をおいて）クイズとか、なぞなぞとか。
子ども　問いにすると、どうしてかなと思って、後を読みたくなる。
教師⑦　この問いにどこで、どのように答えている？

> まず一人で考え、その後、班で出し合って確認し、いくつ述べているか、その内容も確認するように指示した。５～８段落、５～９段落、９段落、12段落と多様な答えが出された。そこで教師は、どの答えがよいかもう一度班で話し合い、その証拠を出すように求めた。

子ども　５～８段落に「身を守ります」と書いてある。
子ども　５～８段落に第一～第四と書いてある。
教師⑧　４段落の問いの答えが５～８段落にありました。そうすると、この「めだか」という文章は、敵からの身の守り方を述べた文章とまとめてよいですか？
子ども　ちがう。

子ども　「自然のきびしさ」についても述べている。
教師⑨　「自然のきびしさ」は、おまけではない？　めだかの身の守り方を述べた文章ではダメですか？
子ども　ダメ。
教師⑩　では、その証拠を文章の中から、二つ以上見つけてください。

一人で考え、その後、班での話し合いを二分。

教師⑪　では、証拠を出してください。
子ども　9段落で「めだかは、こうして、てきから身を守っているだけではありません。」と述べているから
子ども　その後の文で「めだかの体は、自然のきびしさにもたえられるようになっているのです。」と「も」が入っている。
子ども　12段落でも「めだかは、いろいろな方法でてきから身を守り、自然のきびしさにたえながら生きているのです。」と二つのまとめになっている。
教師⑫　そうするとこの文章は、身の守り方だけじゃなく、めだかの体は、自然のきびしさに耐えられると述べているんだね。「自然のきびしさ〜」については、どこに書いてある？
子ども　10・11段落
教師⑬　まとめると、4段落に問いがあり、それに答えているのが5〜8段落。9段落に、「めだかの体は、自然のきびしさにもたえられるようになっている」とあって、それを説明しているのが、10・11段落。12段落で、述べていたことをまとめていることがわかったね。

注

（1）読み研の初代代表大西忠治の編集で、一九八三年から一九九二年にかけて十二号刊行された、当時において読み研の機関誌的役割を果たしていた。
（2）永橋和行「自分の力で説明的文章を読みとる力を―小学校「わらとくらし」の実践」（『国語教育評論』8号　明治図書、一九八八年）。
（3）「柱」や「中心」を比喩で表現している意味について、加藤が以下の論文で明らかにしている。「説明的文章における「要約」「要旨」とは何か―二〇〇八年から二〇一七年への小学校学習指導要領における記述の変化に関わって」（読み研『研究紀要17』二〇一八年）

【説明文・論説文の授業で「言葉による見方・考え方」を鍛える】

8　説明文・論説文の吟味・批判を深化させ「言葉による見方・考え方」を鍛える
――教材「作られた『物語』を超えて」(山極寿一)〈中3〉を使って

髙橋喜代治（立教大学兼任講師）

1　「言葉による見方・考え方」

「言葉による見方・考え方」が分かりにくいようだ。新しくなった二〇一七年学習指導要領解説・国語編では「言葉による見方・考え方を働かせる」ことを「生徒が学習の中で、対象と言葉、言葉と言葉との関係を、言葉の意味、働き、使い方等に着目して捉えたり問い直したりして、言葉への自覚を高めること」と解説してある。

だがよく考えてみてほしい。「対象」や「言葉」との関係を、「意味」「働き」「使い方」等に着目しないで、国語の授業をおこなう教師などいるのだろうか。私は仕事柄多くの国語の授業を見せていただいているが、程度、自覚の差こそあれ「言葉による見方・考え方」に着目しない授業などなかった。また、私たち「読み研」は言うに及ばず、多くの国語の研究団体や機関は「言葉による見方・考え方」を当然のこととして研究と実践を重ねてきた。

けれども、「言葉による見方・考え方」の強調は、やはり十分意味がある。とりわけ説明的文章指導では、書かれた社会科学や自然科学などの内容の指導に偏りがちだからである。説明的文章指導で教える教科内容は一言で言うと述べ方である。説明したいこと（対象）がどんなふうに分かりやすく説明されている（述べられている）か、主張したい仮説がどんなふうに論証（述べられている）されているのか。そのためにどんな言葉が選ばれ使われているのか。それを読みとり、対象への認識を深め、やがて自分が書く力や世界の確かな認識にもつなげるのが国語の説明的文章の学習である。

2 指導過程と「言葉による見方・考え方」

読み研は、説明的文章を〈構造よみ・論理よみ・吟味よみ〉の三層の指導過程で「言葉による見方・考え方」の教科内容を明らかにし、研究と実践を進めてきている。

構造よみは、文章の大枠と読みの方向を読み取る第一層の学習である。「はじめ（序論）・なか（本論）・おわり（結び）」の三部構造の典型を想定し、それぞれの指標にもとづき読み取っていく。この学習での主な「言葉による見方・考え方」は、「はじめ・なか・おわり」の構成・構造の働きやそのバリエーションである。

論理よみは、「はじめ・なか・おわり」の論理関係を柱の概念を用いて明らかにしていく。その過程で前提―帰結などの思考方法や論理形式も明らかにしていく。この学習での主な「言葉による見方・考え方」は、対象についての段落相互の関係や論証の仕方（述べ方）等の働き、思考方法などである。

吟味よみは、構造よみ、論理よみをふまえ文章全体を吟味し評価する学習である。構成の仕方、説明の順序、例の示し方、論理展開等について、優れた点と不十分な点を指摘していく。この学習の主な「言葉による見方・考え方」は、それまでの構造よみや論理よみを生かして、「はじめ」と「おわり」はうまく対応しているか、語彙の意味、事実の正誤、論理展開のズレや不十分さなどを吟味し評価する。

3 「作られた『物語』を超えて」の教材研究

「作られた『物語』を超えて」（中3・光村図書）は、「人間が過った解釈（「作られた物語」）をし、伝えることで、動物に悲劇をもたらし、人間社会の紛争が生まれる」のだから、その「物語」を「超え」て、その向こうにある真実を知ろう」と主張する論説文である。筆者は、霊長類学者の山極寿一。

(1) 構造よみ

序論は1段落。本文全体に関わる問題提示はないが、「このような『物語』は動物たちに大きな悲劇をもたら

序論	本論	結び
1 導入（話題提示）「物語」は動物に悲劇をもたらす（⑤文）	2―11 2―7 本論1 「物語」によってゴリラは悲惨な運命をたどった 8―11 本論2 人間の暮らしの文化や社会を理解し「物語」の真実を知る	12 作られた「物語」を超えて真実を知ることが新しい世界と出会う鍵

すことがある。」が、導入としての話題を提示している。

また、結び（12段落⑥文）の「作られた『物語』を超えて、その向こうにある真実を知ろうとすることが、新しい世界と出会うための鍵なのだ。」と対応している。

本論は、2段落～11段落で、前半、後半の二つに分かれる。前半の2段落～7段落が本論Ⅰ、後半の8段落～11が本論Ⅱである。本論Ⅰは、筆者のゴリラ調査を基に、人間が勝手に都合のよい「物語」を作り出したために悲惨な運命をたどったと述べる。本論Ⅱは、本論Ⅰを発展させ、人間の悲劇とその解決についての筆者の主張。

結びは、12段落のみ。これまで述べてきたことをまとめて、「作られた『物語』を超えて、その向こうにある真実を知ろうとすることが、新しい世界と出会うための鍵」であると、読み手（中3生）に呼びかける。

(2) 論理よみ

序論（1段落）の柱の文は、導入的な話題が提示されている「このような『物語』は動物たちに大きな悲劇をもたらすことがある。」（⑤文）である。

本論Ⅰの柱は7段落。1段落の⑤文で提示した「動物たちに対する人間の誤解に基づく『物語』が悲劇をもたら」していることを、筆者の専門分野であるアフリカでのゴリラ調査でわかったドラミングを例に論証する。そして19世紀の探検家が「『ゴリラは好戦的で凶暴な動物だ』という『物語』を作り出したことによって、ゴリラは悲惨な運命をたどることになった。」（7段落①文）という帰結を導き出す。

本論Ⅱの柱の段落は11段落。本論Ⅰを基に8段落で、

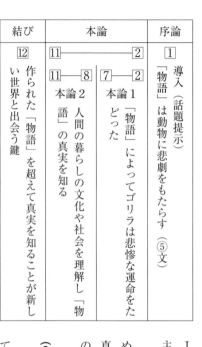

ゴリラのドラミングに対する誤解が広まったのは言葉を持った「人間がある印象を基に『物語』を作り、それを仲間に伝えたがる性質をもっている」からという前提1を提示する。そして9段落で、「こうした誤解に基づく『物語』は、人間の社会にも悲劇をもたらす。」（①文）と結論に至る。その具体例として、ルワンダやコンゴの紛争、世界各地の争いや衝突（紛争）を示す。10段落は、筆者自身のゴリラ調査から得られた人間の誤解の反省。これらを受けて11段落で、「この地球に生きるさまざまな人々に起きている『物語』の真実を知るためには、その人々が暮らしている文化や社会をよく理解することが必要であろう。」と筆者の見解を述べ本論Ⅱをまとめる。

結びは12段落。それまで述べてきたことをふまえ、話を作り伝える能力持った人間として、作られた「物語」を超えて、その向こうにある真実を知ろうとすることが、新しい世界と出会う鍵なのだ。」（⑥文）と、全体を結ぶ。

(3) 吟味よみ

吟味よみで大事なのは、良い面（評価的吟味）と不十分な面（批判的吟味）の両面を吟味し評価することである。以下に主な吟味観点を示す。

《評価的吟味》

①本論Ⅰから本論Ⅱへの発展的な展開がわかりやすい。本論Ⅰでは、ゴリラのドラミングが、なぜ探検家たちによって誤解され、「好戦的で凶暴な動物だ」という「物語」を作り出したかが、専門的な観点から述べられ、具体的で説得力がある。そのため、「ゴリラのドラミングに対する誤解が広まったのは、人間がある印象を基に『物語』を作り、それを仲間に伝えたがる性質を持っている」（本論Ⅱ）の前提1にスムーズにつながることになる。

②動物や人間の行為を誤解したり人間に都合よく解釈したりすることを「物語」としたこと。全体の論理展開がわかり易くなっている。

③紛争（平和）の問題を題材にしていること。筆者の主張は、ゴリラと人間の紛争の悲劇を例に「作られた『物語』を超え」て、真実の世界を知ろう。」ということである。つまり人間の誤解（作られた物語）を克服しようということだ。この教材の一番の魅力はこの点にあると言える。

「一つの花」を挙げるまでもなく、文学作品などでは多くの、いわゆる平和教材が掲載されている。だが紛争（平和）の課題は、むしろ論理的な問題であり、説明的文章でこそ、子ども達が論理的で真剣に思考すべきである。今も世界各地で起きている悲惨な戦争や紛争について、子ども達が話し合い、考え、知識を広げ、認識を深められる教材である。

《批判的吟味―総合学習へ》

ここでは、紙幅の関係上、一点についてだけ扱う。

この教材の吟味で学ぶべき言葉による見方・考え方の第一は、論理関係のズレについてである。その吟味と発展的な学習で、紛争（平和）について学ぶことになる。本論Ⅰでは、人間が過った物語を作ることで、ゴリラを悲惨な運命に追いやったことを論証した。そして、この論理を本論Ⅱで人間の紛争に援用する。次のような、前提―結論の演繹的推論である。

〈前提1〉「ゴリラのドラミングに対する誤解が広まったのは、人間がある印象を基に『物語』を作り、それを仲間に伝えたがる性質を持っているからだ。」（8段①文）

〈前提2〉社会は人間が作っている（ルワンダもコンゴも人間が作っている国。ただし、文章には明示されていない）

〈結論〉「こうした誤解に基づく『物語』は、人間の社会にも悲劇をもたらす。」（9段落①文）

この結論の具体例が次のように示される。

○何気ない行為が誤解され、うわさ話として伝播の過程で誇張されて、周りに嫌われてしまう（身近な生活の例）

○言葉や文化の異なるルワンダやコンゴなどの民族間の紛争（筆者の調査地の例）

○世界各地の争いや衝突（世界の例）

これまでに国家間の武力衝突である戦争や、民族間、異なる宗教間、政府と反政府間の武力衝突（紛争）は、枚挙にいとまがないほどあったし、今もある。新聞を広げれば連日、世界の紛争が報じられている。だが、これらを一律に「作られた『物語』」で括るのは無理がある。例えば、具体的に指摘されているルワンダやコンゴの場合でも鉱物資源、貧富の格差などの経済的要因が指摘されているし、過去の植民地などの歴史的背景も考慮しなければならない。

二〇一八年にノーベル平和賞を受賞したデニ・ムクウエゲ医師は紛争下コンゴの医師だが、性暴力撲滅などの活動がその受賞理由だ。兵士などによる性暴力は性的欲求の満足よりも、相手民族の尊厳を傷つけるための戦略的武器であるとも言われている。3・11の同時多発テロ事件を機に、アメリカが「新しい戦争」と規定した「テロとの戦い」という紛争も、その根底には地球規模の格差問題が横たわっているとみられている。因果関係に他の要因がないか、見落としていないかという吟味の観点（言葉による見方・考え方）が必要である。

論説文「作られた『物語』を超えて」は、これらのことを子どもたちが多様に客観的に、世界の紛争の実態や原因の一端を学ぶ糸口になる積極的な教材なのである。それは筆者の論理展開や主張を読みとるだけの学習では実現できない。吟味し、調べ活動などへの発展的な学習、総合学習などを前提とする必要がある。(2)

4 吟味の授業展開例

この授業は渡邊絵里（久留米市立諏訪中学校3年3組二〇一八年一二月四日実施）の授業を参考にして、私（髙橋）がシミュレーションしたものである。

教師① では、今日の授業を始めます。ハイ、どうぞ（板書された「本論Ⅱの吟味よみ」を指して）。
子ども 本論Ⅱの吟味よみ！（一斉に）
教師② 前の時間に、本論Ⅱの論理関係を読み取りましたね。確認しますよ。前提1にあたる文は？
子ども 8段落の①文です。
教師③ そうだったね。ではみんなで一斉に、ハイ。
子ども ゴリラのドラミングに対する誤解が広まったのは、人間がある印象を基に「物語」を作り、それを仲間に伝えたがる性質をもっているからだ。
教師④ これをわかりやすく整理しましたね。それは？
子ども 人間はある印象を基に「物語」を作り、それを仲間に伝えたがる性質をもっている（教師は板書する）。

教師⑤　これは、本論Ⅰと同じかな？

子ども　言い方は少し違っているけど、同じです。

教師⑥　そうだったね。本論1の前提1は「人間が誤解に基づいて作った『物語』が動物たちに大きな悲劇をもたすことがある」だったね。前提2は具体的には書いてないけど、「動物であるゴリラを発見したのは人間である」で、だから「ドラミングを戦いの宣言と誤解して」、つまり「物語」を勝手に作ったために、ゴリラは悲惨な運命にたどることになる…結論だね。本論Ⅱでは、どうなるの？

子ども　人間の社会にも悲劇をもたらした。

教師⑦　そうだね。この場合の前提2も具体的には書かれていないけど、「私たちは人間である」ということだったね。みなさんが生活している学校も、ルワンダやコンゴという国も人間が作っている。だから、ちょうどゴリラに対するように、誤解した物語を作り、伝播し、トラブルや紛争が起こる。具体的には、筆者は三つの内容で述べていますよね。身近なことでは？

子ども　何気ない行為が誤解され、人から人へ伝わるうちに誇張されて、周りに嫌われてしまう…。

教師⑧　みなさんの経験でもそういうことってけっこうあったって、前の時間で話があったよね。それから？

子ども　ルワンダやコンゴの紛争。

教師⑨　そこは筆者の山際さんがゴリラの調査をしている国だったね。体験に基づいた実感だね。もう一つ。

子ども　世界各地でたくさん起きている紛争。

教師⑩　そうだね。世界には今も紛争が絶えないね。ところで、そのたくさんの紛争の原因は、筆者がいうような勝手に作った物語ということに納得できますか？　納得できるかどうか、「他の原因は考えられないか」という観点で話し合ってみてください。時間は5分。どんなことでもいいから、できるだけ多く挙げてください。目標は5つ以上だよ。

ここで、班の話し合いを5分。ねらいは次回の発展的な調べ学習につなげるために疑問を持ち、予測し、調べ学習の方向性を持つこと。中学三年生の子どもたちが「作られた『物語』」について批判的に異説を述べることは難しい。しかし、疑問を持つことは可能だ。教師が、新聞記事などの資料を紹介しながら、班を巡り「イラク戦争になった原因はなんだったっけ?」などと、話題を示してやると、生徒はいろいろ考えを巡らし始める。宗教や民族の違い、経済的な格差などについてなんとなくでも気づく子どもはいる。

筆者の演繹的な「作られた『物語』」の論理展開に疑問を感じることで興味と関心を持たせ、調べ学習に発展させ、世界の紛争の現状に触れ、「作られた『物語』」論そのものの深い理解、学びにつなげることを目指す。そのためには、筆者の論理展開をしっかり読み取ることと、一度離れて吟味し、世界の紛争の悲惨な実態とその原因を、不十分でも自分で知ることが必要なのである。

《9段落全文》
こうした誤解に基づく「物語」は、人間の社会にも悲劇をもたらす。何気ない行為が誤解され、それがうわさ話として人から人へ伝わるうちに誇張されて、周りに嫌われてしまうことがある。まだ、同じ言葉で話し合い、誤解を解くことができる間柄なら、大きな悲劇に発展することを抑えることができる。だが、言葉や文化の違う民族の間では、誤解が修復されないまま「物語」が独り歩きをして敵対意識を増幅しかねない。私がゴリラの調査で足を踏み入れるルワンダやコンゴなどでも紛争が絶えず、肌で戦いを感じる機会が何度もあった。今でも世界各地で争いや衝突が絶えないのは、互いに相手を悪として自分たちに都合のよい「物語」を作り上げ、それを世代間で継承し、果てしない戦いの心を抱き続けるからだ。どちらの側にいる人間も、その「物語」を真に受け、反対側に立って自分たちを眺めてみることをしない。

参考文献

ロム・インターナショナル『世界の紛争地図―最新ニュースの読み方』二〇一一年　河出書房新社
阿部昇『文章吟味力を鍛える―教科書・メディア・総合の吟味』二〇〇三年年　明治図書

1　「主体的な学び」のための授業規律・授業ルールづくりのコツ

加藤　辰雄（愛知県立大学非常勤講師）

1　集団的学びを保障する

二〇一七年告示の新学習指導要領では、「主体的・対話的で深い学び」という学び方が位置づけられた。この用語の中の「主体的な学び」とは、授業で子ども自身がそれまでに学び身につけてきた学び方や教科内容を生かして教材に取り組むことである。その際、一人一人の子どもの「主体的な学び」を実現するために、その前提となる授業規律・授業ルールをつくることも大事である。「勝手におしゃべりをしない」「どんな意見もしっかり聞く」など、子どもたち全員の学習を保障する授業規律・授業ルールがないと、授業が子どもたちにとって集団的学びの場とならないからである。

そこで、本稿では「主体的な学び」のための授業規律・授業ルールの基本的な項目やそのつくり方、定着のさせ方について述べてみる。

2　授業規律・授業ルールのつくり方

コツ1　子どもたちと合意しながら授業規律・授業ルールをつくる

最初から教師が授業規律・授業ルールはこうだと頭ごなしにつくって、守らせようとしても授業への主体性は育たない。授業は子どもたちと教師がともにつくる活動である。したがって、子どもたちの意見や要望を聞きながら、授業規律・授業ルールをつくっていくようにする。そうすれば、子どもたちから授業規律・授業ルールを守ろうとする意欲を引き出すことができる。

コツ2　少しずつ順々に授業規律・授業ルールをつくる

授業規律・授業ルールには、集中の仕方に関するもの、発言の仕方に関するもの、聞き方に関するもの、グループ学習の仕方に関するものなど、たくさんの項目がある。これらの項目を四月当初からいっぺんにつくって、実践してみてもうまくいかない。項目が多すぎるのである。四月当初は、「授業の準備をして待つ」「授業の始まりと終わりは集中する」「指名されてから発言する」「合図があったら素早く集中する」など、授業展開するうえで最低限必要なことをつくる。

そして、これらの授業規律・授業ルールが守れるようになってきたら、子どもたちの実態に合わせて一つ一つ順々に授業規律・授業ルールをつくっていく。

3　授業規律・授業ルールの定着のさせ方

コツ1　授業規律・授業ルールの項目を毎時間、繰り返し実践し、評価する

授業規律・授業ルールは、繰り返し実践しなければなかなか定着しない。例えば、「合図があったら素早く集中する」というものについては、毎時間授業の中で実践し、「五秒で集中できました」「瞬時に集中できました」などと評価し、授業規律・授業ルールがどこまで守れているかを明らかにする。そして、繰り返し実践することで定着を図る。

コツ2　教科内容と関連づけて、授業規律・授業ルールを定着させる

授業規律・授業ルールの項目の中には、教科内容として取り上げられているものがある。例えば、国語の最初の教材は詩が載っているので、声をそろえて音読することを教える。また、「話す・聞く」の単元で話し合いの仕方を学ぶ際には、その内容を授業規律・授業ルールの項目として位置づけて一層の定着を図る。

コツ3　守れるようになった授業規律・授業ルールを掲示する

授業規律・授業ルールは、教師と子どもたちが合意し、子どもたちが納得したものである。したがって、子どもたちは力を合わせて、一つ一つの授業規律・授業ルールを守ろうとする。守れるようになった授業規律・授業

ルールは、子どもたちの取り組みの成果としてみんなで共有し合うようにしたい。そこで、子どもたちが守れるようになった授業規律・授業ルールを掲示物にして貼り出し、ひと目見ただけで、自分たちのがんばりがわかるようにする。このようにすることによって、子どもたちから授業規律・授業ルールを進んで守っていこうとする意欲を一層引き出すことができる。

4　どんな授業規律・授業のルールが必要か

(1)　授業態度に関する授業規律・授業ルール

①　早く座席に着き、授業の準備をして待つ。

授業では、授業時間をきちんと確保することが大事である。そのために、授業の開始時刻を子どもたちにしっかり守らせるようにする。教師も開始時刻を守るようにする。その際、隣同士や学習グループ内で声を掛け合うようにする。座席についたら、机上に教科書、ノート、筆記用具など授業で使う学習用具がすべてそろっているかをまず自分で確かめ、次に隣同士で確かめる習慣を定着させる。

②　授業の始まりと終わりはきちんと集中する。

授業の始まりをどのようにするかということは、とても大事である。ざわざわしたままの状態で授業が始まると、子どもたちの中に授業に臨む姿勢、意気込みをつくり出すことができない。そこで、いすにきちんと座り正面を向き集中させる。授業の終わりも同様にする。

③　最初は教師に指名されてから発言する。

授業では教師が発問をし、子どもたちがそれに答えるという場面がよくある。この時、子どもたちにはどのようにして答えるかについて約束事をつくっておく。

教師の発問に対して、指名されないのに勝手に答えることを許してしまうと、発言が一部分の反応の早い子どもや発言力のある子どもの独壇場になってしまう。そこで、できる限りの多くの子どもが発言できるようにするために、挙手して教師に指名されてから発言させる。

④　指名なしで自由に発言する。

授業は、教師に指名されてから発言することは基本ではあるが、授業の場面によっては指名なしで自由に発言させることも必要である。発問について自分の考えを気軽に次々と発言することによって、たくさんの発言を引き出し、考えを広げ深めることができる。

例えば、物語「スイミー」の導入部分に書かれている「みんな赤いのに一ぴきだけは、からす貝よりもまっくろ。」からスイミーの人物像を読みとる学習では、指名なしで自由に発言させると「〈みんな〉と〈一ぴき〉を比べていて、〈一ぴき〉が目立っている」「〈まっくろ〉は〈くろ〉よりも黒い」「〈のに〉と書いてあるので、黒だとよくない感じがする。」などの発言が子どもたちから次々と出てくる。

(2) 集中の仕方に関する授業規律・授業ルール

① 合図があったら素早く集中する。

授業では、どんなときにも子どもたちを素早く集中させてから説明や発問や指示をすることが大事である。これをあいまいにすると、授業効率が悪くなるばかりでなく、集中した状態がない授業、落ち着きがない授業になってしまう。

教師は子どもたちを集中させるときには、「ハイ、こちらを見て！」ときっぱり言う。そして、「○班が一番早く集中できました」などと評価する。子どもたちを集中させるための合図は、「ハイ、こちらを見て！」→「ハイ、こちら」→「ハイ」と短い言葉でも素早く集中できるようにする。

② 指示があるまではノートをとらない。

まじめに授業を受けている子どもの中には、大事だと思ったことをすぐノートに書いたり、板書をノートに写したりする子どもがいる。このようにしていると、教師の説明や発問や指示を聞き逃してしまう場面が出てくる。そこで、指示されるまではノートをとらないことを約束させる。

(3) 話し方・聞き方に関する授業規律・授業ルール

① 身体を聞き手の方へ向けて話す。

授業には、(A) 教師の説明を中心とした授業、(B) 教師と子ども、子ども相互における対話を中心とした授業、(C) グループの話し合いと、それに並行したグループ間あるいは個人間の討論を中心とした授業がある。この三つの形態が教科内容に対応して組み合わされ、授業が行われる。

(B) や (C) の授業では、発言する子どもは聞き手の子どもたちの方を向いて話す必要がある。しかし、子どもは先生に向かって話しがちである。この場合には、教師は発言する子どもとの間に多くの子どもたちを抱え込むような位置に移動して立つとうまくいく。

② 結論を先に述べてから話す。

話し合いを行っていると、話し手の言いたいことがわかりづらい場合がある。そこで、自分の考えを発表する際には、まず結論を先に述べ、後からその理由を述べる話し方をさせる。

③ 友だちの考えに関わらせて話す。

授業で子どもたちが活発に発言していても、その発言が友だちの考えと関わらないと、内容は豊かになったり、深まったりしない。そこで、友だちの考えをよく聞き、その考えに関わらせながら自分の考えを発表する話し方をさせる。

友だちの考えに関わらせて話すには、いきなり自分の考えを言うのではなく、最初に友だちの考えに対する評価や関わり方を述べるようにするとよい。例えば、「○○さんの考えに賛成です。」「○○さんの考えにつけ加えます。」「○○さんの考えは、□□ということですか？」「○○さんの考えに反対です。」などの話し方をさせる。

④ 話し手の目を見て聞く。

話し手の発言や話をしっかり聞かせたいときは、話し手の目を見て聞かせるとよい。その際には、話し手と目が合うようにするために身体の向きを少し変えるようにさせる。

(4) グループ学習の仕方に関する授業規律・授業ルール

① グループで話し合う前に個人で考える時間をとる。

自分の考えをもたないままグループで話し合いをすると、友だちの考えを聞いているだけになり、考えを広げ深めることができないので、個人で考える時間を必ずとる。

② 学習リーダー（司会者）は、グループの全員に発言させる。

学習リーダーはメンバーを順番に指名して、グループの全員に発言させる。そして、最後に自分の考えを言う。

③ 学習リーダーは話し合いを整理する。

話し合いの終盤には、学習リーダーに話し合いを整理させる。十分整理できない場合は、無理しないでそのまま発表させる。例えば、物語「スイミー」のクライマックスを探す話し合いで、（A）「それから、とつぜん、スイミーはさけんだ。／『そうだ。みんないっしょにおよぐんだ。海でいちばん大きな魚のふりをして。』」と（B）「みんなが、一ぴきの大きな魚みたいにおよげるようになったとき、スイミーは言った。／『ぼくが、目になろう。』」に考えが分かれたときには、それぞれの理由を挙げさせて答えを一つに絞る。共通理解が図れないときには、（A）と（B）の考えを発表させる。

④グループの考えを発表するときは、全員挙手する。

グループで話し合ったことを発表するときは、代表者だけに挙手させるのではなく、グループ全員に挙手をさせる。それは、その考えに全員が納得し賛成したことを表明するためである。ただし、発表するのは代表者一人である。

⑤話し合いが終わらない場合は、学習リーダーは時間要求をする。

物語「スイミー」のクライマックス探しのように、（A）と（B）に考えが分かれて、時間が足りないときには、グループ内での意見交流を保障し、共通理解を図るために、学習リーダーには「もう少し時間をください」と時間要求をさせる。

2 「対話的な学び」のためのグループ編成と学習リーダー指導のコツ

永橋 和行（京都府・立命館小学校）

1 はじめに

授業において「主体的・対話的で深い学び」を生み出すためには、さまざまな条件が必要であるが、小グループの話し合いを取り入れた学習集団の指導が有効である。なぜなら通常の授業において、ただ単に教師と子どもの問答だけで授業を進めると、数人の決まった子どもしか発表しない授業になってしまう可能性があるが、学習班（小グループ）の話し合いを導入すると、子どもは安心して発表することができるようになり、全員参加の授業を引き出すことができるからである。

さらに出された意見（読み取った内容）を学級全体で話し合うことによって、「自分と同じ考えだ。」「そんな考えもできるのか。」「それは違うんじゃないか。」など互いの考えを交流することになり、読み取った内容がより深まることにもなる。

また「もう一度説明してください。」「学習班で話し合う時間をください。」などの学習を深めるための要求を出すことも、主体的な学びにつながる。

2 学習班の編成

学級づくりのために班（生活班）を編成することがよく見られるが、多くの生活班は六人～八人くらいである。授業では、その生活班をさらに二つに分けて、三～四人の学習班を作るとよい。授業中すぐに集まって話し合いをするのには六～八人の生活班では集中を欠きやすい。また意見がたくさん出てまとめにくいということも予想される。その他にも話し合いに参加しない子どもが出てくる可能性も考えられる。

学習班の編成は次のように発展的におこなう。

①学級づくりなどのために編成された六～八人の生活班を二つに分けて学習班を作る。話し合いがすぐできるように近くの席で分ける。その中から学習リーダーを互選する。

②生活班が決まったら、互選や立候補で先に学習リーダーを決める。次に、教師のもとで学習リーダーが話し合い、二つの学習班に分けたり、座席を決めたりする。

③生活班を決める段階で、学習リーダーや学習班のことを意識して生活班を作る。

3　学習リーダーの指導

(1)　学習リーダーを決める

学習班が決まったら、学習班ごとに学習リーダーを決める。決め方はねらいによってさまざま考えられるが、大きく分けると二つになる。一つは教師の指名である。教科の力量や学習班のメンバーへの組織的な力量を教師が見極めて指名するのである。もう一つは、学習班内で互選させる方法である。はじめのうちはじゃんけんで負けた子どもが選ばれたり、力関係で弱い子どもが選ばれたりすることも想定しておく。三～四日ごとの順番にして、どの子どもも学習リーダーを経験できるような工夫も必要である。実践的には、教師の指名から始めた方がよい。決めるにあたっての混乱が少ないからである。

(2)　学習リーダーのやる気を引き出す

どの子どももある程度学習リーダーを経験するなかで、教師の肯定的な評価を受けて自信を持ったり、力量のある子どもを説得したりして学習リーダーとしてのやる気を引き出していくとよい。そして学習リーダーの質を、個人的にも集団的にも高めていくことができるようにしていきたい。

(3)　学習リーダーを鍛える

学級づくりでは、班長を決めてリーダーとしての指導をおこなうことが多い。学級を子どもたちの力によって創っていくという考えからである。しかし授業の場面ではあまり学習リーダーの指導をおこなうということを聞いたことがない。なぜだろうか。それは「授業は教師がリードして進めるものである」という考え方によるものだと思われる。教材研究を丁寧に行い、教科内容を考え、指導計画を立てて教師が授業に臨むのは当然である。しかしそれだけでいいのだろうか。学習の主体は子どもである。授業は教師だけのものではない。子どもも授業を創っていくべきである。教材研究や教科内容の分析などは、子どもが教師を超えることは少ないと考えるが、子どもと共に授業を創りながら、教材をより深めるという発想が大切である。だとすれば、学習リーダーを中心に授業に主体的に関わるように指導していくことは当然のことである。そして学習リーダーの力にも依拠しながら、子どもと一緒に授業を創っていきたい。

(4) 学習リーダーへの指導

学習リーダーへの具体的な指導は、次の①から④のようにおこなう。

① 教師の指示や発問に主体的に動く

まず学習リーダーを授業の前に集めて、(必要な時は授業中も)「先生が前を向いてと言ったら、学習班の中で真っ先に前を向いてください。また先生が質問したら頑張って手を挙げて発表する努力をしてください。とにかく学習班の誰よりも素早く行動を起こしてください。」と言う。そして授業後の学習リーダー会では、「A君が一番早く教科書を開いたね。」「Bさんは3回も発表できたね。素晴らしい。」と評価し、学習リーダーとしてのやる気や力を評価していくのである。

② 自ら進んで、積極的に授業の進め方の要求を出す

毎日の授業で使うように指導している「授業をより分かりやすくするための要求」を真っ先に使うように話す。

〈三つのせん〉
・分かりません
・見えません
・聞こえません
〈三つの要求〉
・もう一度言ってください。
・もう少し分かりやすく言ってください。
・少し話し合う時間をください。

そしてこの三つの要求以外にも自分たちで作ることが

できることも指導する。もちろん学習リーダー会において、この要求を使ったかどうかを評価することも大切な指導である。また学習リーダー以外にも頑張る子どもも出てくる。その子どもも同時に評価していき、自分たちの力で授業を高めていくという授業のトーン（雰囲気）を創っていくのである。

③ 教科の内容に切り込む方法や手順を教える

例えば説明文の構成よみでは、文章全体を「はじめ・なか・おわり」に分けるなど、具体的に読み取る方法（学び方）を学習リーダーに教えていく。やはりここでも学習リーダー会を開き、「今日の授業は、文章を〝はじめ・なか・おわり〟に分けます。〝はじめ〟で重要なことは何でしたか。問題提示や話題提示を探すことだよね。」とか、「問題提示や話題提示が書かれているところが〝はじめ〟だったよね。」と学習班での話し合いのアドバイスをする。「学習班の話し合いの時に、分からない人がいたらアドバイスしてあげてね。」「学習班の話し合いでは、全員が発表できるように励ましてあげてください。」などと話すのである。また授業中にも学習リーダー会を開き、「はじめ・なか・おわり」をどう分けたのかをチェックし、「全体での話し合いのポイントは、問いがどこに書かれているのかが大切なポイントだよ。問いは何段落に書かれているか、具体的な問いは何か分かっていますか。」などアドバイスするのである。そして学習リーダーを拠りどころにしながら、学級全員が力をつけることをめざして指導を続けるのである。

④ 自分の学習班のメンバーが授業内容を理解しているのかどうかを確認し、教師に指導を要請したり、メンバーに代わって要求を出したりしていく

この指導はかなり難しいものである。ここまで述べてきた①②③は学習リーダー自身に対する直接の指導であるが、この④は仲間への働きかけの指導になる。

学習リーダー会で、「あなたたち学習リーダーだけが頑張るのではなく、発表にしても要求にしても他のメンバーにしてもらうことはできますか。」と話し、そのことに対する評価もおこなう。

あるときの学習リーダー会で、学習リーダーの子どもが「学習班の人に発表するように言ってみたけど、嫌だと言って発表してくれません。」とか、「C君に、問いは何段落に書いてある？と聞いても、何にも答えてくれま

せん。」とか、「D君はいつも隣の人に話しかけて、静かにしてと注意しても言うことを聞いてくれません。」というような悩みや不安が出てきたことがあった。そこで、「どうして手を挙げないのだろう。」と投げかけてみると「恥ずかしいのかなあ。」「面倒なんじゃない。」「いや勉強が分からないんだよ。だってこの前、どうせ俺バカだからって言っていた。」というように、仲間の分析を始めたこともあった。

また学習リーダー自身も、教師の発問の意図や説明の内容が分からない時もある。そこで学習リーダーには、それぞれの学習班の仲間に、「もう少し分かりやすく言ってください。」と言ってもらうとか、学習リーダーが学習班の仲間の代わりに、「もう一度説明してください。」と教師に要求するなど仲間への関わり方を指導することも大切である。しかしこの指導は実践的には非常に難しいことであり、学習リーダー会で互いに悩みを出し合いながら、どうしたらいいのか一緒に考えて、乗り越えていきたい課題である。

4 学習班での話し合いの指導

一時間の授業の中で、授業の山場で読みを深めたいなどの時に、学習班での話し合いを導入する。しかし例えば「学習班ごとに、文章全体を（はじめ）（なか）（おわり）に分けなさい。」と言っても、慣れないうちはなかなか学習班での話し合いは進まない。そこで学習班での話し合いの手順を次のように指導している。はじめは机を寄せて話し合いをさせるが、慣れてくるとさっと話し合いができるように、机はそのままで体だけをお互いに向き合わせて話し合いをすることもある。

①机と椅子を合わせて、互いの顔が見えるように座る。
②学習リーダーが、まず自分の意見を発表する。
③学習班の一人一人が、順番に自分の意見を発表する。
④考えがない子どもは、他の人の考えを聞いて、誰かの考えを自分の考えにしてもよい。
⑤いろいろな考えが出たときは、違いを明らかにして賛成、反対の話し合いをおこなう。
⑥出た意見は必ずしも一つにまとめる必要はない。
⑦最後にいくつの意見になったのかを確認し、全体会での発表者を決めて机と椅子を元に戻す。

5　二重討論の指導

いきなり学級全体の場で読み取った内容や考えを深めるといっても、抵抗があって発表できない子どもも多い。しかしまず学習班（小グループ）という少人数なら比較的気軽に発表でき、学習班の仲間に励まされて、全体の場でも発表できるようになることもある。二重討論の指導について段階的に示すと、次のようになる。

①はじめは、全体の場で発表できなくても学習班の中で発表することを目指す。

②次に学習班で発表した意見を、そのまま全体の場で発表する。

③さらに学習班で話し合い、誰が全体の場で発表するのかを打ち合わせて（分担して）発表する。

④学習班で話し合ったことをまとめて、代表して全体の場で発表する。

⑤学習班では話し合わなかったことでも、自分で考えて全体の場で発表する。

6　おわりに

学習集団の指導というと、学習班（小グループ）を使っての話し合いの指導が中心だと思われがちであるが、その前に一人一人がしっかりと自分の考えをもつことの大切さや、授業の進め方の要求を出し、より自主的に授業に参加していくことの指導であることを認識することが大切である。

また学習集団の指導が学級集団づくりに支えられており、そこで学んだ経験を授業の場面でも生かしてこそ学習集団の指導が生きてくるということも大切なことである。

参考文献

永橋和行「『主体的・対話的で深い学び』を生み出す学習集団の指導」「読み」の授業研究会『研究紀要』17号、二〇一八年

3 「対話的な学び」をつくりだすグループを生かした話し合い・討論指導のコツ

湯原　定雄（岐阜県・多治見西高等学校）

　国語の授業では、その日の学習課題について、子どもが自分自身で「主体的に」考えることはきわめて大切なことだ。そのためには他者や自分自身との「対話的な学び」が必要となってくる。そうした「対話的な学び」を実現するうえで、「グループ」による話し合い、またそれを経た学級全体での話し合いはとても有効な方法となる。

　語句や漢字など表層の読みの次の段階である深層の読みで、物語・小説の読解においては、書いてあることをもとにして、直接書いていないことを読み取っていくという創造的な読みの指導過程を経る。また説明的文章においては、文章の論理関係を読み取る指導過程を経る。これらは簡単なことではなく、子どもが互いに知恵を出し合いながら発見し、見いだしていく授業を作り出したい。

　子ども一人では、自分の意見に対してなかなか自信が持てないこともあるだろう。また、自分だけでは深く読み取ることができないこともあるだろう。グループの話し合いは、自分の考えを言語化し、他者の意見を聞く機会を作るという意味で、価値がある。

1 話し合う価値のある課題の提示

　その課題が、グループで話し合う価値のあるものを設定することがとても大切である。教材分析を十分にして、子どもが考えるに値する課題を準備したい。話し合う中で、子どもが発見できる課題、学びにつながる課題を話し合わせたい。

また、その課題を話し合わせるうえで、教師の側では、話し合いを通じて、どんなことに気づかせるのか、どんな表現を見つけてほしいかなどを具体的にし、明確にすることが必要である。

私は次のような課題がグループで話し合う価値のある学習課題だと考えている。

(1) 複数の意見を見つける課題

複数の意見を多く発見することに主眼を置く課題である。これは比較的話し合いしやすい課題である。

小説の形象よみで一つの文から多様な読みを引き出したり、詩や小説などで表現技巧や特別の表現をできるだけ多く見つけ、そこから読めることを指摘したりするような課題である。

具体例を挙げれば、三好達治の詩「甃（いし）のうへ」（高1教材）で、詩の構造よみにおいて起承転結の転を考える場合である。

甃《いし》のうへ　　三好達治

あはれ花びらながれ
をみなごに花びらながれ
をみなごしめやかに語らひあゆみ
うららかの跫音《あしおと》空にながれ
をりふしに瞳をあげて
翳《かげ》りなきみ寺の春をすぎゆくなり
み寺の甍みどりにうるほひ
廂《ひさし》々に
風鐸《ふうたく》のすがたしづかなれば
ひとりなる
わが身の影をあゆます甃のうへ

主要な課題は、「この詩の転はどこからか」である。ところが、この詩は二文でできている。転を7行目「み寺の……」からとすることに異論が出ることはほとんどない。異論が出ず、このままでは議論が今ひとつ深まらない。そこで前半と後半でどう変化しているかを考えさせたい。細かい点を含めると多くの変化を読み取ることが可能だ。次のような「問い」を学習課題とする。

> 詩の前半と後半では何がどう違っているか。変化しているか。できるだけたくさんみつけてみよう。

この場合は、グループの競争心をあおりながら、「各グループ、最低四つ。できれば六つ以上」などと助言を加えてもいい。また、「内容と形式に着目して」などとヒントをあたえる。

内容的には登場人物に注目し、「をみなご（複数）」と「ひとりなる（孤独な）話者」の違いや、視線の違いなどに注目させたい。形式や表現では、各行の文末表現やリズムの違いに気づかせたい。各行の文末に注目してみると前半では、連用中止法・反復表現が多用され、うららかな流れるような春（をみなごの青春と重なるのだが）、と体言止めや重々しい単語の連続の違いなどに着目させたい。

こうすることで、自分だけで読んでいたときには気づかなかったことに気づいたり、読み飛ばしていた表現に意味を見いだすことができる。それが学ぶ楽しさにつながってくる。

（2）意見が対立する課題

複数の対立する意見が、話し合いを通じて一つに収束していく課題である。複数の案の理由や根拠を比較・検討することで、より本文の読みが深まっていく。

例えば小説の構造よみの「発端」「クライマックス」の決定においては、複数の意見がでたとしても、対話、話し合いを通じて一つに収束させていく。この過程がまさに「対話的」な学びである。

具体例を挙げれば、『スイミー』（小2）においては、

> この物語のクライマックスはどこだろうか。

この課題では次のような対立する意見が予想される。

> A案　それから、とつぜん、スイミーは　さけんだ。「そうだ。みんな、いっしょに　およぐんだ。海で　いちばん　大きな　魚の　ふりを　して。」
>
> B案　みんなが、一ぴきの　大きな　魚みたいに　およげるように　なった　とき、スイミーは　言った。「ぼくが、目に　なろう。」
>
> C案　あさの　つめたい　水の　中を、ひるの　かがやく　光の　中を、みんなは　およぎ、大きな　魚を

おい出した。

A案は、「とつぜん、スイミーはさけんだ」と劇的な表現がされており、かつ、「おおきな　魚の　ふりをして」「およぐ」という決定的なアイディアを提出するところ。

B案は、スイミーが「目」となることで、「大きな魚」が完成するところである。スイミーのもつ「黒」という特異性が、プラスへと大きく転換する。「目」の象徴性からもスイミーのリーダー性が明確になるところである。

C案は、事件を「大きな魚」とのせめぎ合いとするならば、直接「おいだした」と表現してあると考える箇所である。

これらの案についてそれぞれ、何が大きく変化したのか、そこをクライマックスと考えることで何が読めてくるのか、あらかじめ教師の側で考えておき、グループや全体討論の中で、助言に生かす必要がある。とくに、次の点にかかわって助言をするとよい。

・「ぼくが、目に　なろう。」というスイミーのことばと、導入部の「みんな　赤いのに～まっくろ」とのつながりに気づかせる。

・「みんなが　いっぴきの　大きな　魚みたいに　およげるように　なった　とき、」に注目することで、それ以前の段階では魚たちはバラバラであったこと。つまりこの段階ではまだ「大きな魚」になれていない。アイディアは素晴らしいが、実行されなければ、大きな魚とたたかえない。

・「あさの　つめたい　水の　中を、ひるの　かがやく光の　中を」から、すでにさかなたちはおよぎ大きな魚をおいだしていることがわかり、Cが転換点ではない。また、スイミーの成長もこの物語の事件とするならば、ここは大きな魚との対峙だけが問題になっている。

これらの表現に子どもが着目・発見することで、B案に収束することができる。

このように、どの表現に着目させるのか、どういうことを発見させるのかをあらかじめ教師の側で明確にしておくことは、「話し合い」の指導において、きわめて重要なことである。

2　グループ討議の様子を把握して、助言・援助する

まずは子どもたちの様子をながめながら、学級全体の話し合いの状況を確認する。話し合いがなされているか、参加していない子どもがいないか、司会者が役割をはたしているか、意見が全く出ないことになっていないかなど、それぞれのグループの雰囲気を確認する。

そして、意見があまりでていなさそうなところや、行き詰まったグループには、直接「どう?」「あまり意見が出ない?」などと聞いたりして状況を確認する。ときには「課題」そのものがわかっていない、ということもある。その上で、助言・援助をする。

ただ、話し合い時間が短いこともあり、それほど多く伝えられない。話し合いを進めるうえで子どもたちにヒントになるような助言の例を三つあげる。

> 「そう思った理由をあげてみよう」
> 「理由は、もっとほかに考えられない?」
> 「それではないと考えた理由や反論をあげてみよう」
> 「理由にみんな納得できるかな?」

理由をはっきりさせることは、複数の意見が出てきたとき、とくに大切になる。反論をする場合も、その理由が成り立たないことを示せばよいことになる。さきにあげた「スイミー」の例においても、それぞれの理由をまずあげて、それぞれ理由としてどうなのかを、話し合うとよい。

> 「文章のどこからそうわかるの?」
> 「どの表現からそう読めるのかな?」
> 「漠然というのでなく、本文のどこに、どう書いてあるの?」

話し合いを進めるうえで、「具体的な表現に即す」というのは、とても重要なことだ。どこを根拠にするかを、漠然とではなく、具体的に指摘する。それが話し合いの土台にもなる。先に述べた、理由を考えるうえでも、まずは「本文の表現に即して」というのが大切だ。

「○案で、全員が納得ということだけど、ほんとうにそれでいいのかな。先生は△案、これも～という点でよさそうに思えるんだけどなあ」
「□班では、△案が優勢みたいだよ。どう思う。」

グループが早々に一つの案にまとまってしまったように見受けられた場合、教師の側で他の案のよいところを指摘したり、他のグループの様子を伝えたりして、揺さぶるのも有効である。

子どもは「でも、○○と書いてあるから、それは変だと思う」などと、反論をはじめる。早々に一つにまとまってしまうと、話し合いが深まらないこともありがちである。こうした助言は有効である。

3 グループでの話し合いで出た意見をメモしたり傍線を引いたりして、「見える化」する

グループでの話し合いで出た意見をメモしたり、その根拠となる表現に傍線を引いたり、線で囲んだりするように指示する。子どもには教科書に線を引いたり、メモしたりすることが当たり前になるように指導する。

グループでの話し合いの後、全体での話し合いとなるのだが、これらの表現を根拠に自分の意見を述べるという点でも、「見える化」することは大切だと教えておきたい。

4 評価したうえで、次の授業につなげる

グループでの話し合いを授業に取り入れても、はじめから上手くいくとは限らない。そうしたとき、「グループ討議をあきらめない」ことは、意外に大切なことだと考えている。

生徒の参加意欲や思考、発言の頻度、意見の多様性などが、グループ討論をしなかったときと比べてどうなのか評価しよう。よかったところ、何がよくなっているかをきちんと評価、確認しておくことが大切である。

4 「深い学び」につながる暗唱・音読・朗読指導のコツ

臺野 芳孝(千葉県千葉市立北貝塚小学校)

「深い学び」につながる暗唱・音読・朗読指導を考えるうえで、暗唱・音読・朗読の学習が国語の授業にどのような効果をもたらすのか。子どもたちが主体的に取り組みたくなるような音読の練習方法はないか。クラスの子どもたちが聴き合ったり教え合ったりできないか。暗唱・音読・朗読を通して、国語の学びが深まるとはどういうことか。本稿ではそのことについて考えてみたい。

コツ1 全文通読10回を宿題に

文学作品でも説明的文章でも、全体を俯瞰して考えられなければ、深い読みはできない。場面ごとにぶつぶつと切れた読み方では、文章の内容把握は難しい。全文通読は、読解の学習の前に十回程度できている状態が必要不可欠である。だから宿題にして、俯瞰できるようにする。

文学作品でも説明的文章でも、始まりと終わりに何かしらのつながりや、同じような記述があることが多い。物語でいえば、伏線がいくつも見つかることが実感できる。繰り返しと、それに関わる事件の発展が見えてくる。文脈から考えることもできるようになるだろう。

説明文では、問いと答えの段落関係や、繰り返されるキーワードやキーセンテンスなども見つけやすくなる。説明文では特に、似ている語句の言い換えに気をつけることも必要になる。「人間は」が「わたしたちは」にすり替えられていることによって、意味が違ってくることも少なくない。

コツ2　一斉音読は授業の最初に

一斉音読は、学習の始まりやポイントに必ず入れることをお勧めしたい。授業の雰囲気、子どもたちの集中度を高めることにも大いに役立つと、経験から感じる。

さらに、音読することで、目からの文字情報を音声言語化し、それを耳で聞くことで文章の内容が頭に入ってくる。黙読よりも効果的である。

授業では、場面や段落を区切って一斉音読をする。

コツ3　暗唱のトレーニング

子どもたちにとって、面白くて、ほんのちょっとだけ難しいものを選んで与えることである。「寿限無」は覚えたくなる教材の一つである。

低学年から暗唱をさせるに当たっては、短いものから始めるのがよい。音楽で歌ういろいろな歌も暗唱の取り組みとして音読カードの課題にする。他には、イロハがるたやことわざ、七草の和歌、水金地火木土天海、十二支、のはらうた、まどみちおさんや谷川俊太郎さんの詩、いろはにほへと等々。学年が上がるに連れて、俳句や和歌、現代詩、古典や漢文等もお勧めである。

暗唱が嫌いな子どもには、アニメの主題歌やＪＰＯＰやラップミュージックなどでもよい。まずは、覚えられるという自信をつけさせる。簡単なものができるようになると、より難しいものにチャレンジしたくなる。

コツ4　だんだん消えていく音読

覚えさせたい詩や文章を板書する。教師は読む行を指さしながら一斉に音読をさせる。一度読み終わったら、板書した文字を少しずつ消していく。このとき、繰り返し出てくる言葉を消したり、「ところが」なのか「けれども」なのか覚えにくいときは、「と○○が」「け○ど○」のように、頭の文字を残して消していく。消しながら十回くらい音読をすると、子どもたちは暗唱できるようになっている。ゲーム感覚で覚えられるので、子どもたちのモチベーションが保たれる。

この方法なら、歌の歌詞や運動会の応援、送る会の台詞を覚えるのにも使える。パワーポイントなどパソコンの画面から字が消えていくという方法もある。

コツ5　先にできた子が暗唱の先生に

暗唱の取り組みの時、個々の覚える時間差が生じる。そんなときは、覚えた子をミニ先生にして、黒板に名前を提示する。名前のマグネット札を使うとよい。ミニ先生は友だちの暗唱を聴いてあげるようにする。ミニ先生が「合格」と言ったら、その子もミニ先生になる。

ミニ先生がクラスの人数の半数を超えたら、コーチとしてなかなか覚えられない子のそばでコーチをする。コーチとして教えた子が合格したら「師匠」になる。

ミニ先生・コーチ・師匠が増え、あと数人になったら、次の暗唱課題を出す。ふたつ目の課題をクリアしたら、先生・スーパーコーチ・グランドマスターなどと称号を替えてやるとよい。

このシステムは、体育の縄跳び等の運動や、算数の筆算や九九等、他教科にも応用できるので、暗唱ではコーチしてもらった子が、体育では教える立場になるなど、教科によっても替わるので教え合いの活動が広がっていく。

コツ6　対戦式スピード音読で、すらすら読めるように

物語の冒頭の一ページ程度を音読したり、本時の場面や段落を読んだりするときに行う。

教室を自由に動いて二人一組になり、早く読み終えた方が勝ちというだけである。勝ったら勝った者同士、負けたら負けた者同士で次の対戦をする。五回勝ったら席に着く。このやり方だと、音読が苦手な子の方がたくさん読むことになる。早く席に着いた子と、残ってたくさん読んだ子の両方を讃える。

班対抗で「まる読み」の対戦もできる。この場合は、一斉に「まる読み」を開始し、教師はタイムを計る。終了したタイムが近い班同士をライバルとして意識させ、二度目の音読対戦をする。

このような対戦型の音読を経験し、「明日、音読対戦をするよ。」と予告しておくと、子どもたちは音読の練習をしてくるようになる。決して一人では、このようなやる気を作るのは難しいが、漢字が読めない子の教科書にルビを振ってやるなど、グループの協力も生まれる。

コツ7　アカデミー賞朗読で聴き合う活動

物語の会話とナレーターで構成される場面では、人物とナレーターの役割を決めて音読の練習をさせる。四人班だと余ってしまう子も出るが、その子は演出家や監督として音読に脚色をする。

十分間程度の練習時間をとり、それから発表会を行う。

班ごとに発表を終えたら、〇〇役は誰が良かったか、ナレーターは誰が良かったかを出し合い、今度は良かった子の組み合わせで音読をしてもらう。

上手だった読み手にアカデミー主演賞、アカデミーナレーター賞。良かった子の班の監督や演出家にアカデミー監督賞や演出賞。「〇班の音読は迫力があった」「〇班は面白くて笑っちゃった」などの感想に応じて、アカデミーシリアス賞やコメディー賞を決定する。

賞に入った子には「チョチョチョンさすが！」とエールを送る。学習シールなどでも良い。わたしは百均で買ったオモチャの壱万円札を賞品として進呈している。

コツ8　読解につなげるために、リズムに着目

まどみちおさんの「あいうえおのうた」などは、音読をしていて楽しくなる。

何故、楽しくなるのかについて学習をする。それは、韻律のせいである。リズムを生み出すのは律という音数のこと。韻は頭韻・脚韻などがあり、ラップミュージックでは、脚韻を多用するものが多い。

> あかいみ　あおいみ　あいうえお
> かきのき　かくから　かきくけこ
> ささのは　ささやく　さしすせそ
> （後略）

教師　みなさん「あいうえおのうた」覚えられましたか？

子ども　はーい。

子ども　簡単だもの。

教師　何で簡単だったのか、「あいうえおのうた」には秘密があります。その秘密を見つけるのが今日の学習です。秘密は四つあります。（発問）全部見つけら

れるかな？
子ども　秘密？面白そう。
子ども　やりたい、やりたい。
教師　じゃあ、何で簡単だと思ったの？
子ども　だって、あ、あ、あ、か、か、か、ってなってる。
子ども　「あかいみ、あおいみ、あいうえお」って、最初は「あ」から始まってる。
子ども　「か」のところは、「か、か、か」になってる。
教師　みんな、どう。
子ども　ほんとだ、「さ、さ、さ」ってなってる。
子ども　「は、は、は」ってなってる。
教師　全部の行がそうなっているね。じゃあ、最初の「あ、あ、あ」に赤鉛筆で丸を付けてみようか。
子ども　（「ままま」や「ららら」にも気付く）
教師　一つ目の秘密が見つかったね。他にあるかな？
子ども　横に「あかさたなはまやらわ」って、三つ同じ。
子ども　〇付けたの、並んでる。
教師　よく見つけました。全部の始まりが「あかさたな……」になってますね。よく見つけました。これで秘密の二つ目です。詩を横に見るのも秘密がわかる方法だよ。他にあるかな？
子ども　先生！なんか、四角になってる。
教師　四角？　どういうことですか？
子ども　「あかいみ」と「かきのき」と「ささのは」と並んでる。
子ども　そうそう、隙間が真っ直ぐになってる。
教師　じゃあ、隙間に青鉛筆で線を書いてごらん。
子ども　書いたよ！
子ども　四角ができた！
子ども　四角が三つできた！
教師　そうです。字が四角に並んでいるのが、三つ目の秘密です。あと一つあるけど、分かりますか。
子ども　？
教師　それでは先生がヒントを出します。ヒントは、「あかいみ」は１２３４、「あおいみ」も１２３４、「あいうえお」は１２３４５。字の数はどうでしょう？
子ども　全部、四つと四つと五つになってる。
教師　そう、それが秘密です。四つと四つと五つが全部そろっているといいことがあるのよ。それは、先生が教えるね。（机を叩きながらリズムをとり、音読して聴か

せる）

子ども　わぁー。

子ども　面白い。

教師　字の数がそろっていると、リズムがいいよね。みんなノッてるかい。イェー！詩はこんな風に言葉を話しているのに、リズムができるのです。それは、音の数を合わせるとできます。例えば、

> あかいみと　あおいみがあって　あいうえお
> かきのきのことを　かこうとしたよ　かきくけこ

これだとどう？

子ども　へんだよ。

子ども　なんか、かっこ悪い。

子ども　リズムがない。

教師　詩ってね、言葉を選んで、音数を揃えると歌みたいになるんだよ。これが四つめの秘密です。

コツ9　読解のために何で覚えやすいのかに着目する

覚えやすい詩には、覚えやすい理由がある。レトリックの学習ができる。繰り返しがあると覚えやすい。また、繰り返しの中の変化があると、その順序のきまりが分かれば覚えやすい。子どもたちの頭の中にもそのようなことに気付く力があるからこそ、「おおきなかぶ」などは覚えやすいのである。ただ、子どもたちはその説明ができないので、言語化して意識させることが大事な教科内容といえる。

学年や校種が上がっても同じである。対句になっているとか、対比されているとか、覚えやすさの裏側には、必ずレトリックが隠れていると言っても過言ではない。

＊

さまざまな言語活動があるが、音読だけでも充分な言語活動である。古典や漢文など中学や高校でも暗唱や音読は大切である。あまり発言をしない子も、とにかく声を出すことができるよう、授業や指導計画の中に音読学習を入れることを勧めたい。

5 「深い学び」につながる語彙指導のコツ

渡邊 絵里（福岡県久留米市立諏訪中学校）

1 国語の学習における語彙指導の重要性

国語科の「話す・聞く」「書く」「読む」すべての力を身につけさせるのに土台となるのは語彙力である。「語彙」とは単語の集まりのことであり、意味や形、使われる意味の違いをもつ個々の単語の集積を自らの中にもち、それを適切に選び、使いこなすことのできる力を語彙力と言う。語彙力は、知識的な側面としての語彙の量が土台となり、それを活用する側面としての語彙の質を上げることによって高めることができる。

文章を読む中で、言葉の意味がわからなければ、そもそも何が書かれているのかを読み取れないし、自分の言いたいことを表現することもできない。また、子どもたちの文章を読んでいると、「この言葉はそういうニュアンスでは使わないんだけどな」と感じることも多い。つまり、言語感覚が磨かれておらず、その語句がどのような場面で、どのようなことを表現するのに使われるかということが十分にわかっていないということである。

語彙指導には、子どもの語彙レベルの差に対応しながら子どもたちの語彙数を増やす量的な意味の語彙指導と、言語感覚を磨かせ言葉のニュアンスから読解や表現のレベルを上げる質的な意味の語彙指導が必要である。そのためには、授業と家庭学習をうまく連動させながら指導していくことが効果的である。量的な意味での語彙指導としては、多くの文章や言葉に触れる機会を増やし、辞書を引く習慣をつけさせたり、文脈上の意味を判断させたりするための様々な方法が考えられるが、ここでは質的な意味での語彙指導に焦点を当てて述べる。

2 子どもたちに鋭い語彙力をつけさせるための授業

量的な意味での語彙力を土台としたうえで、知識として持っている語彙の中で言葉のそれぞれがどのようなニュアンスをもつ言葉なのか、それが全体の中でどんな表現の効果を持つのかということまで読ませることで、子どもたちに鋭い語彙力を身につけさせることができる。

そのためには、授業の中でいかにそれぞれの言葉にこだわって読ませるかが重要である。その言葉が意図して使われていることが読めるかどうか、またその言葉が使われているからこそ感じられる意味の広がりを読めるかどうか、ということである。

説明的文章でも文学作品でもそのような読みはできるが、ここでは、言葉が少ないからこそよりその言葉が使われる必然性に迫ることができる、短歌・俳句の教材研究と、鑑賞の授業を紹介したい。なお、教師と生徒のやりとりは、実際に行った授業の実践記録を再構成したものである。

短歌・俳句の鑑賞の授業では、読むべき次の七つの項目を挙げたプリントを用いて学習する。

（1）大意（だいたいの意味をとらえる）
（2）時（作品から読める時とその根拠、俳句では季語）
（3）場（話者はどこにいるのか、その根拠）
（4）人物（話者は何をしているのか）
（5）着目したい語句（特に重要だと思われる語句についての形象）
（6）表現技法（使われている技法とその効果、句切れや切れ字を含む）
（7）主題（作品にこめられた作者の思い、感動）

（1）〜（4）で、その作品に描かれるおおまかな情景がイメージできるようにし、（5）〜（7）で形象よみ、主題よみへとつなげていく。特に、（5）着目したい語句のところでは、切れ字などの感動の中心といわれるところだけでなく、「引っかかりを感じる表現」「あえてその言葉を選んでいると感じられる表現」はどこかと問うと、読むべき箇所が見えてくる。その言葉が使われている必然性を読むことで、鋭い語彙力が身についていく。

そのために、次のような方法を使う。

① 似た言葉と置き替えて読ませる。
② その言葉がある場合とない場合とを比較して読ませる。
③ 言葉の順序を入れ替えて読ませる。

3 似た言葉と置き替えて読ませる

ただ一つ惜しみて置きし白桃《しろもも》の
　ゆたけきを吾は食ひをはりけり　　斎藤茂吉

「ただ一つ惜しみて置きし」からは、話者にとってのそのたった一つの白桃の貴重さが読める。白桃自体がなかなか手に入らない貴重なものだっただけでなく、その桃が熟して最も美味しい状態になるまで取って置いたことや、もったいなくて食べられなかった様子が伺える。「白桃のゆたけき」からは、白くふっくらと熟した桃の様子が感じられる。「白桃」を「はくとう」ではなく、あえて「しろもも」と読ませることや、「ゆたけし」という「豊かだ」の文語表現から、ふっくらとやわらかく熟した白い桃の様子が表現されている。「吾は食ひをはりけり」からは、あえて「食べ終えてしまった」と言うことで、もったいなくて取って置いた桃をとうとう食べ終えてしまったのだと惜しむ気持ちと、「吾は」と「食ひをはりけり」という行為の主体である自分を明示することによって、単になくなってしまったのではなく、自分がそれを十分に堪能したという満足感も読める。

教師　まずは上の句を形象よみしてみましょう。「ただ一つ惜しみて置きし」からどんなことが読めますか。

子ども　たくさんあったうち、一つだけ最後に置いておいたということ。

教師　そうですね。では「白桃」を「はくとう」ではなく「しろもも」と読んでいるけれど、比べてどんな感じがしますか。

子ども　「しろもも」の方が、柔らかくて丸い感じ。

子ども　白いということが強調されている気がする。

教師　なるほど。白くて柔らかくて丸い桃をずっととっておいて、それが熟している状態ですね。では、下の句の形象を読もう。「食ひをはりけり」とあるけれど、

「食う」は他にどんな言葉と置き換えられる？

子ども　「食べる」とか…「味わう」でもいいのかな。

教師　そうですね。じゃあ「食べる」や「味わう」と比べて、「食う」はどんな感じがしますか？

子ども　ちょっと荒っぽい感じ。

教師　荒っぽい、なるほど。どんな風に食べていると思う？　例えば、皮をむいて切って食べるのか、それとも……。

子ども　なんかそのままかぶりついている感じがする。

教師　そうね。惜しんで取っておいたのを、そのままかぶりついて、なおかつそれを「食ひにけり」ではなく「食ひをはりけり」です。ここからは何が読める？

子ども　食べ終わったのが残念、みたいな気持ち。

教師　なるほど、そうですね。それに最後の満足感も表れているかもしれませんね。

授業では特に、あえて「しろもも」と読ませているところを、一般的な読み方である「はくとう」と比較して読ませることと、「食う」という表現について、「食べる」「味わう」という別の表現と比較して読ませることを中心に授業を行った。「しろもも」は「似た表現との比較」ではなく音声的な読み方の比較だが、子どもは「しろもも」という訓読みから、桃の白さと「もも」という音の響きが持つ柔らかさ、丸い感じを読み取った。「食う」という表現は「食べる」に比べて野性味を持つ表現であり、それをより明確にするために二つの言葉の持つイメージを「食べ方」に視点を置いて考えさせた。

4　その言葉がある場合とない場合とを比較して読ませる

咳をしても一人　　　　尾崎放哉

尾崎放哉の代表的な自由律俳句作品である。「咳をしても」からは、話者が実際に咳をしたのか、それとも実際にはしておらず「たとえ咳をしたとしても」という仮定なのかははっきりとしていないが、着目すべきは「も」という言葉と、「一人」という体言止めである。

この「も」について、それがあるのとないのとを比較して考えさせた。

教師　この俳句で着目すべきところ、一文字で探してごらん。何だと思いますか？

子ども　「も」かな？

教師　そうね。この「も」から何が読めるだろう？

子ども　……。

教師　では「咳をして一人」と「咳をしても一人」ではどう違いますか。

子ども　「咳をしても一人」の方は、ただ咳をしただけではなくて、他の何をしても一人だということじゃないかな。

教師　じゃあ他のことって例えばどんなこと？

子ども　ごはんを食べても、とか……。

教師　では、なぜその中で「咳をしても」なんでしょう。咳をするということはどういうこと？

子ども　風邪をひいていて、体調が悪い。

教師　もし一人ではなかったら、咳をしたらどういうことが想像できる？

子ども　相手が心配して「大丈夫？」とか言ってくれる。

教師　だけど、一人だから？

子ども　具合が悪いのに誰も心配してくれる人がいなくて、独りぼっちで寂しいし辛い感じがする。

教師　そうですね。だから、いつも一人で何をしても一人なんだけれど、「咳をしてもやっぱりああ一人だ」と孤独を実感しているのだね。

実際の授業ではさらに、わずか九音の短い自由律俳句であることで感じられる、ぽつねんとした感じや、「一人」という体言止めによる「一人」であることの強調も読ませた。

5　言葉の順序を入れ替えて読ませる

観覧車回れよ回れ想ひ出は
君には一日《ひとひ》我には一生《ひとよ》
栗木京子

この短歌は二句切れで、「回れよ回れ」という「回れ」という命令形の語の反復で切れている。時ははっきりとはわからないが、「想ひ出」と言っていることから「君」と一緒に過ごした今日一日の「想ひ出」を思い返している時間帯だとすると、夕方以降のもう帰る直前であることが想定できる。話者は観覧車を外から眺めているのか、それとも「君」と観覧車に乗っているのか、はっきりはしないが、「ずっと回り続けてほしい」「この一緒にいられる時間がずっと続けばいいのに」と強く願う気持ちは、後者の設定の方がふさわしいように感じられる。「想ひ出」という表記は「思ひ出」よりも慕い求める感情があることが読める。そしてその「想ひ出」が「君には一日我には一生」だ、と対句表現によって結ばれる。この対句表現の語順に着目させ授業を行った。

教師　下の句は対句になっていますね。「君には一日我には一生」からは何が読めますか？

子ども　相手にとっては普通の一日分の思い出でしかないが、自分には一生ものの想い出ということ

教師　それってどんな想いだろう。

子ども　なんか差があって切ない感じ。

子ども　「君には一日」も「我には一生」も同じ音数だけど、これは逆ではいけないのかな？　どう？

子ども　……。

教師　もう一つ表現技法が使われていますね。

子ども　「我には一生君には一日」だと、「一日」の体言止めになって、相手にとってただの一日という方が強調されるから、やっぱり自分にとって一生ものの想い出、という方が強調された方がいいような気がするな。

6　終わりに

「深い学び」につながる語彙指導では、量的な意味での語彙指導に止まらない、子どもたちに鋭い語彙感覚を身につけさせる指導を行うことが重要である。そのためには、辞書的な意味を超えて、文脈の中でなぜその言葉が使われているのか、その言葉であるからこそ何が読み取れるのか、ということを考えさせる必要がある。

意識させるポイントとして挙げた三つはどれも、使われている言葉を手掛かりにして、視点を変えながら読みを深めさせる方法である。似た言葉との比較や、その言葉のあるのとないのとでの比較、順序の入れ替えにより、その言葉が使われている必然性が見えてくる。そのような読みによって、子どもたちの語彙感覚が磨かれ、語彙力を高めることができる。

参考文献

教科研東京国語部会・言語教育研究サークル『語彙教育　その内容と方法』一九六四年、麦書房
石黒圭『語彙力を鍛える　量と質を高めるトレーニング』二〇一六年、光文社

Ⅱ 「主体的・対話的で深い学び」を実現するための授業づくりのコツ

6 「深い学び」につながる文法指導のコツ

竹田 博雄（大阪府・高槻中学校・高槻高等学校）

1 はじめに

中学・高校における学校文法は橋本進吉が体系化したいわゆる形式文法であることは広く知られている。形式重視であるが故に分かりやすい半面、理解よりも暗記が先行し重要視されるという側面があることも、国語教員の指導実感としてよく言われることである。

子どもたちが知らないことを説明するので、その点で授業は容易であるが、子どもたちの反応は全く芳しくなく、彼らにとって文法の授業はまるで修行のようなものとなってしまうことが悩みの種ともなる。

古くて新しい課題である。

文法指導をどう「深い学び」に結びつけていけばよいのか。その可能性を開く端緒となる指導を考察する。

2 何のために指導するのか

文法指導で最も大切なことは、何のための文法なのか、なぜ文法の知識が要るのかを十分納得させることである。しかし、これが最も難しい指導過程である。どうしたら出来るのか。

その一つが解釈と結びつけることである。ここに授業者の工夫の余地があり、「深い学び」の可能性が生まれる。文法の知識・概念を使って、文章を解釈する経験を積ませることによって、文法を学ぶ意味を子どもたちは得心するのではないか。文法をマスターさせるというより、覚えた文法を使えるようにする発想に立つのである。

3　コツ（1）修飾語にこだわる

「トロッコ」（芥川龍之介）の中に次のような一節がある[1]。八歳になる良平は、工事現場で二人の若い男が押しているトロッコを一緒に押させてもらっている。

そのうちに線路の勾配は、だんだん楽になり始めた。「もう押さなくともいい。」――良平は今にも言われるかと内心気がかりでならなかった。が、若い二人の土工は、前よりも腰を起こしたぎり、黙々と車を押し続けていた。良平はとうとうこらえきれずに、おずおずこんなことを尋ねてみた。
「いつまでも押していていい？」

（傍線・竹田）

ここで「とうとう」とはどういう意味か。国語辞典には「ついに」「結局」「最後に」「最終的に」などとある。

ここでは、その直前にあるように「『もう押さなくともいい。』――良平は今にも言われるかと内心気がかりでならなかった。」とあるように、良平は押すことを拒否されることを恐れている。

ここからは、だいたい次のようなことが読める。

①ずっと押させてほしいという気持ちがあるものの、見ず知らずの男たちに、それを口で言い出す勇気がなかった。

②押していていいと言い出せば、このままずっと押させてもらえる可能性もあるものの、断られる可能性もある。それがこわい。不安である。だから、言い出せない。

③黙っていれば、なんとなくかなりの時間にわたってトロッコを押させてもらえるかもしれないのに、押していていいと問うことで、かえって「もう押さなくともいい」と言われるかもしれないという不安があり、言い出せないでいる。

実は、この伏線に導入部のエピソードがある。良平は、十日ほどまえに弟たちとトロッコに乗っているところをどなりつけられ怒られていたのである。それが、良平を一層躊躇させている可能性がある。

それらの躊躇があった良平だが、この男たちは二人とも若い男で、良平は「この人たちならば叱られない。」と思っている。そこで「とうとう」尋ねることができたのである。

と言っても、「おずおず」である。この土工なら大丈夫かもしれないとは思いつつも、まだ相手に対するためらいの気持ちがある。もちろん断られる、もう押すなと言われることへのおそれもある。

4　コツ（2）接続語の働きを検討する

文節や文の成分、品詞を教えるところまで進んでも、やはり、その知識が何の役にたつのかということを子どもたちに実感させることが大切となる。これも、教えられた知識を使って作品を深く読める、深く解釈できるという経験を積ませることである。非常に難しいことだが、実践的にとても有効であると考える。全ての教材文にわたって準備することはできないが、わずかでも用意できれば、文法のための文法の授業から少しでも抜け出せる可能性が拓けるのではないだろうか。

文の成分の中で、最もわかりやすいものは「接続語」、特に「接続詞」であろう。日本語話者として育った者であれば、特に文法として学ばなくても社会的な経験値としてその働きは既知のものであろう。

その自明な働きにこだわって読んでみるのである。

「字のない葉書」（向田邦子）の中に次の一節がある。

あれから三十一年。父は亡くなり、妹も当時の父に近い年になった。だが、あの字のない葉書はだれがどこにしまったのかそれともなくなったのか、私は一度もみていない。

二文目冒頭の「だが」は、例えばなぜ「そして」ではないのか。それでも変わらないではないか。なぜ「だが」なのか？　と問うてみるのである。「だが」は逆接の接続語である。では、先行文脈の何をひっくり返しているのか。子どもたちに、それが分かるように表現し直しなさいと指示し、リライトさせてみるのである。

すると、多くが「あの出来事から三十一年も経ち、父は亡くなり、妹もあの時の父の年齢になろうとするのに」といった表現となった。「……なろうとするにもかかわらず」といった表現である。つまり、何がひっくり返っているのかを考えさせることで、この「だが」にはマイナスの意味がこもっていることが読めてくるのである。「スイミー」の「みんな赤いのに……」の「のに」と同様である。つまり、筆者は、あの字のない葉書を三十年以上見ていないことを、良いことだとは思っていない。むしろ見ていないことを悔やみ、腹立たしく思い、とまでいうと言い過ぎだろうか、少なくとも愉快には思っていないとは読めないだろうか？

　こうした接続語の読みは、説明的文章の解釈にもとても有効である。三省堂『現代の国語1』の中に、「この小さな地球の上で」（手塚治虫）という随筆がある[2]。その冒頭は次のようになっている（傍線・竹田）。

1 人間って、全くもってすばらしい生き物だ！

と、つくづく思ったのは、南米ペルーのナスカ高原にある、例の有名な巨大地上絵を、まのあたりに見たときだった。

（中略）

5 （前略）どんな道具を使って、どんな方法でやれば、あんなばかでっかい直線が引けるのか。なんのためにかいたのか。とにかく、あの技術は……三千年昔と現代とどのくらいのレベルの差があるというのだろうか。人間は……最初から偉大で驚異的な賢さをもっていたのだ。

6 しかし、人間は、一方で、限りなく愚かしく悲しむべき存在なのだ……としみじみ思ったのは、イースター島という絶海の孤島へ行ったときのことである。

（中略）

11 もしかして、この島は地球と人間の未来の姿のパロディじゃないかな、と思った。

12 この狭い地球の上に増え続ける人間。自然破壊と食糧危機、そして殺戮――自滅にいたる人類史を、暗示しているんじゃないか、と思い、深く、無常を覚えた。

　意味のひとまとまりで二つに分けようといえば、全員、「しかし、人間は、」から分ける。それは正解だが、理由を言わせると、これもほぼ全員が「しかし」で、人間のいいところをひっくり返しているから、と答える。だが、この「しかし」は前を否定する逆接ではない。注目すべきは「しかし」ではなく、「一方で」である。1・5段落と6段落の関係は「人間はすばらしい。一方で人間は愚かな存在でもある」という関係である。つまり、前を否定する逆接ではなく「対比」の関係である。「人間は素晴らしい。だがしかし、人間は愚かである。」という逆接関係で読むのは誤読である。このような前を否定する「逆接」とは少し違った使い方をする「しかし」を見逃さないようにすべきである。

ここは強調しておきたいことだが、この1・5段落と6段落を逆接の関係と読む子どもは非常に多い。「しかし」＝「逆接」という常識が、子どもの思考に影響力をふるい、正確な読みを妨げるからである。無心に一文一文を丁寧に読むと、二つの段落は「人間は素晴らしい生き物である一方で、愚かな存在でもある」という対比の構造文であることが読めてくる。並列でもない。「しかし、人間は、また、……」ではないのである。

このような接続語の働きを、具体的な教材文の中から探しだし、解釈に活かすという経験値を高くしていくことが大事である。この後、逆接ではない対比の「しかし」の短文を作らせても面白いであろう。例えば「巨人は弱い。しかし阪神は強い。」といった程度のものでよいのだ。「しかし」が「一方で」という意味を含んで「対比」を表現するという事実。つまり「しかし」が逆接だけではないという事実。このような用法を授業中の読解を通して伝えていくことが深い学びにつながっていく。

このように、接続語（詞）の働きは順接・逆接……と単純に教えるだけでなく、時に、別の用法も紹介しつつその知識を解釈に活かし、正確な読みに活かしていく。そのような授業展開が、文法知識を「深い学び」のための重要なツールへと変えていくのである。

5 コツ(3) 助詞にもこだわる

一語一語にこだわって読む。これは読みの基本である。そこに文法を読みの手立てとして使うことで、文法学習は、意味のあるものとなる。

「字のない葉書」の最後は「私は一度もみていない」である。「私は」の「は」はいわゆる取り立ての「は」である。「梅が咲いた。桜はまだだ。」というときの「は」である。つまり、この「は」の一言から、「私は見ていない。でも、亡くなった父や妹は、ひょっとしたら見たかも知れない」という思いが筆者の中にあることが読めてはこないだろうか？ 筆者は、自分には手紙の中でしか優しい父を表現してくれなかったことを、少し残念に思っているのではないだろうか？ それに対して、妹には、肩を抱き泣くという愛情を、直接示した。そのことを、実はうらやましく思っているのではないか？「だが」や「は」には、そんな筆者の思いが出ていないか？

これらの解釈が正解というのではないが、助詞や接続語を頼りに、それを解釈に結びつけることができるのではないかというその可能性を示唆する。

助詞の場合、文脈を読み取りながら、適切な助詞が決まるということもある。しかし、その使い分けの原理を説明するのは難しい場合がある。よって、何もかもを考えるのではなく、解釈に揺れや幅が生じるような適切な箇所を、教材から探すという作業が重要である。

「トロッコ」の別の箇所には次のような一文がある。

……今ではある雑誌社の二階に、校正の朱筆を握っている。

なぜ「二階に」なのか？　なぜ「二階で」ではないのか？　二つはどうちがうのか？　このようなことを考えることでみえてくるものがあるのかを考えるのである。「学校で集合する」と「学校に集合する」はどう違うのか？　といった例文を使って考えるのでもよい。要は、多様な解釈ができること。子どたちの思考が働くこと、である。それが、文法を文法から解放する方法であり、「深い学び」へと向かう唯一の方法である。

注

(1) 中学校国語教科書『国語・1』東京書籍、二〇一六年
(2) 中学校国語教科書『国語・1』三省堂、二〇一六年

参考文献

鈴野高志「読みの授業の中のスポット文法のすすめ」『読み研通信』88号、二〇〇七年
鈴野高志「読みの授業の中のスポット文法のすすめ②」『読み研通信』89号、二〇〇七年

1 「モアイは語る―地球の未来」（安田喜憲）の1時間の全授業記録

髙橋　喜代治（立教大学兼任講師）

授業日時　二〇一六年六月三日
授業学級　秋田大学教育文化学部附属中学校
　　2年B組　36名
授業者　　原田　俊子先生

※枠囲みは髙橋のコメント。授業記録は、紙面の都合上授業開始から数分は割愛してある。

教師①　モアイはなぜ作られなくなったか。これが本論3でしたね。では、このことについて安田さんはどんな仮説をたてていましたか。文章でいえばどこにあるのでしょうか。何段落のどこにあるでしょう。

子ども　11段落。11段落の……。

教師②　11ですか。ちょっと読んで確認してみて。森林が減少してモアイが運べなくなったと書いてあるのはどこ。（生徒は話し合う）はい、どこでしたか。

子ども　12段落です。12段落の4行目です。

教師③　はい。そこを読んでみて。

子ども　おそらく森が消滅した結果、海岸までモアイを運ぶことができなくなったのであろう。

教師④　ありがとう。皆さんも同じでしたか。

子ども　同じです。

教師⑤　そうですね。じゃあ、モアイはなぜ作られなくなったかに線を引いて下さい。モアイはなぜ作られなくなったか。おそらく森が消滅した結果、海岸まで運べなくなったからだろう。これが筆者の仮説ですけれど、今のところ皆さんは納得できる、できないのどちらですか。机の上にある青（納得できる）と黄色（納得できない）の紙に自分の考えを書いてください。

（子どもたちは配布されている青と黄色のカードに自分の考えを記入する。この間、約3分。黒板にも教師は、青と黄のカードを貼る）

教師⑥　はい、じゃあ納得できると書いた理由について発表してください。お願いします。

子ども　筆者が言うように、モアイを運ぶには車とかもないから、木を使って運んでたというときに、木がなくなってしまったのは致命的で、それで運べなくなったというのは確かにそうだなあと思って、あり得るなと思って納得しました。

教師⑦　確かにそうだよね。木が無くなったっていうのは書かれているし、木が無くなったことで運ぶ手段が無くなり、モアイが作られなくなったっていうのは確かに納得できるよね。さあ、それでは納得できない理由についても聞いてみたいな。どうぞ。

子ども　はい。納得できないんですけど、森が消滅したくらいで、森が無くてもモアイを作っていけるのに、森が無くなったからってモアイが作られなくなったり文明が消滅したりすることはないんじゃないかなと思いました。

教師⑧　なるほど。そういうことを考えると思って、これを準備してきました。（4段落の本文を提示する）今、二人の人がこんなふうに発表してくれました。では、この後は自分の理由も考えつつ、グループで考えてもらいたいと思います。自分はなぜそう考えるのか、根拠をもっていますか。四人グループになって、リーダーを中心にして納得できるか、納得できないかについて、本文を根拠にして話し合ってください。どうぞ。

> 教師は所要時間の指示を口頭ではしていない。だが、およそ5分後には話し合い終了のベルが鳴り、話し合いは自然に終えている。四つ机を寄せて班テーブルを作るのも手際よい。教師の指示で、司会者はすぐに話し合いを始めている。普段の丁寧な話し合い指導がわかる。

教師⑨　はい。では今グループの中でまだ意見が割れているところや、逆に悩んじゃったと話している人もいました。グループの意見として、二通りの意見が割れたところもあったかもしれませんが、納得できるという意見を聞いてみたいと思います。

子ども　前回の授業では木のころが使えるか使えないかということだったんですけど、使えるとしたうえでの意見なんですけど、モアイを運ぶためには木を使ったり、その他に木は家屋の材料や日々の薪に使われたりするために伐採されていたという予想なんですけれど、そこでどんどん森林が無くなっていって、人々が生活できないくらいに、14段落に森林が無くなっていって食料危機に直面していくまでの過程が書かれているんですけど、それで人々が生活できないくらいになってしまって、モアイを作るどころではなくなってしまったので、モアイは作られなくなったんじゃないかという意見でした。

教師⑩　あれ、そしたら納得するんじゃないんだね。今はモアイを作るどころじゃなくなったからと言ったよね。ということは、納得できないのかな。

子ども　あれ、そうか。

教師⑪　そんなつもりはなかったんだけど、そういう意見になっちゃったか。今の発表につけ加える班はありますか。14段落にあった食料危機について根拠にしながら発表してくれました。モアイを作るどころではなかったんだろうという考えでしたね。はい。では、改めて納得できるという班の意見を聞いてみよう。どこかありますか。

子ども　私はころを使っていたと考えるんですが、ころを使っていたと考えたら納得できるんですけど、おそらく森が消滅した結果なのでヤシの木がなくなったのでモアイは運べなくなったんだと思いました。

教師⑫　ヤシの木が無くなってしまったから、もうモアイを運ぶことができなくなったんじゃないかという考えだね。そうですね。一番最初に発表してくれた班と同じような根拠ですね。それでは、もう一つ迷っている班に聞いてみようかな。それでは8班さん、お願いします。

子ども　納得できると納得できないの理由が一つずつあって、納得できる理由はまず11段落と12段落にも書いてるように、木が伐採されて森は消滅したと書いてあるので、納得できると考えました。納得できない理由については、モアイは木のころを使って運んでいたということについては分かっていないので、木のころじゃないとしたらと考えると納得できないし、逆に森林が無くなった方が運びやすくなる可能性もあるんじゃないかと考えました。

教師⑬　（一部略—ここで教師は、モアイが作られなくなったことと、ころの関係を整理して二回目の話し合いを指示。）もう一度グループで他の納得できる班、納得できない班の意見を聞いたところで悩んでるグループも、もう一度話し合って考えてみて下さい。他の段落を見たり、前回の授業までにやってきたことを見てもいいです。

> 二回目のグループ学習。他の段落や前回の授業にも目を向けさせることで、異なる観点の意見が出されることになる。

教師⑭　もうちょっと話し合いたいところはありますか。ない。じゃあ聞いてみようかな。それでは発表したい班は。お願いします。（話し合いの様子）

子ども　納得できないという立場で発表します。さっきの発表であった、食料危機という意見なんですけれどそれ以外にもあって、ヤシの木がモアイを運ぶ時に一回しか使えないと書いてないので、一回切ったからそれで使い捨ててまたもう一回採ってというのではなくて、もし何度でも使えるとしたら、森はヤシの木のころに使うためだけに消滅することはないんじゃないかなと思ったので、森が消滅してもモアイを運ぶ方法はあったんじゃないかなと思いました。

教師⑮　はい。この班は、木は一回だけじゃなくて、何回も使えるでしょということではないかという意見でした。何度も使えるし、このように何本も使うわけではないんじゃないかと言ってくれましたが、今発表してくれたところと同じような意見の班はありますか。じゃあ、全く意見が違うという班もありますか。全然違うというのはどう違うのかな。はい、じゃあお願いします。

子ども　僕は全然違うという意見は、木のころを使うという意見に到達して。理由としては4段落に書いてあるんですけれど、十一世紀頃になると七世紀ころから木が

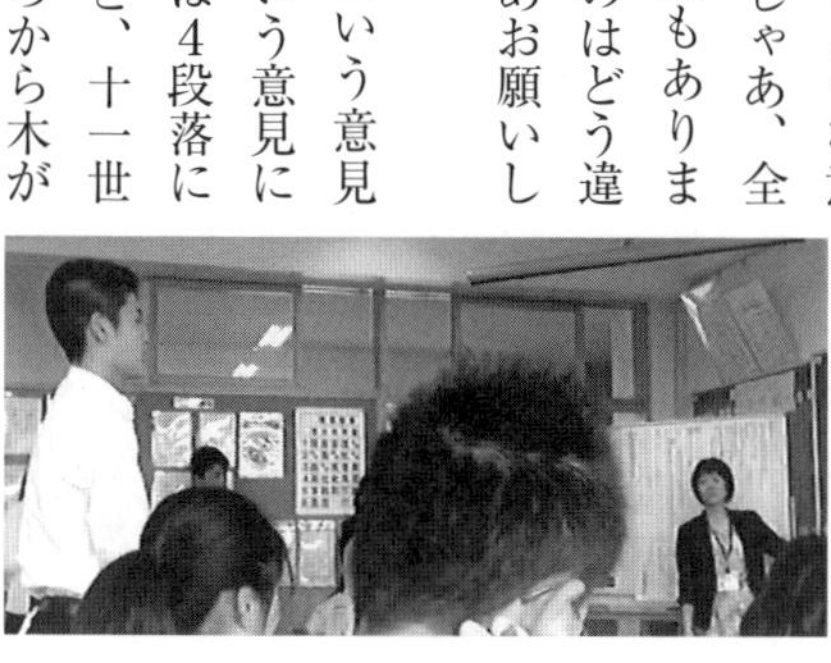

徐々に減少していっていると書いてあって、木が減少しているその時点でモアイが作られたと考える時は関係ないんじゃないかなと考えていて、14段落目にヤシの森で覆われていた時代にはと書いてあるので、そのヤシの木の森に覆われていた時代には木は肥え土地も肥えバナナや食料も豊富だったと書いています。こうなってくると、森林が減っていた時に食料がどんどん減っていくのと比例していくように木がどんどん減っていたので、食料危機ということで文明が崩壊していくということで、モアイが作られなくなったということになるんじゃないかと考えました。

教師⑯　（ここで教師は、七世紀からのヤシの木の減少と十一世紀にモアイが作られ始めたことを整理し、食料危機との関係を示唆してさらなる発言を求める。）何か付け足しとかありますか。だいたい同じですか。それでは、他の意見も聞いてみようかな。発表してくれる班はありますか。お願いします。

子ども　二つの意見があって、まず一つがころを使うことを前提として考えていて、まず4段落の一番最後から二番目の行に十六世紀頃には一万から一万五千人まで人口が増えていたということがわかることから、11段落で5段落目から人口が増加する中で、家屋の材料や農耕地を広げるためにモアイの製造に使っていたころに加え、それらのものを作るのに木を使うことから森林破壊が進み、モアイを作るためのころを作り出すことが難しくなって、モアイが作られなくなったことに関係があるんじゃないかと思いました。もう一つが今風な考え方で、モアイが作られた時代から文明が終わった時代っていうのは、もうモアイが作られたのが十一世紀頃で、モアイの文明が崩壊したのが15段落の最後から二行目の十七世紀後半から十八世紀前半に崩壊したと推定されているということで、モアイを作っている人たちが「モアイってもう古くね？」みたいなことを考えていたんじゃないかと思います。

教師⑰　十一世紀に作り始めて、モアイが十七世紀の後半から十八世紀の前半までに崩壊したということで、何年間の隔たりがありますか。じゃあ、十一世紀から十七世紀までにしようか。何年間の隔たりがあるかな。

子ども　六〇〇年

教師⑱　そう六〇〇年前。六〇〇年なんて古いどころのものじゃないよね。もうやめよっかっていう考えになったっていうことか。それは、時間の差があまりにも時間が経ちすぎているからということを根拠に考えた僕たちの感覚ということだね。確かにもうやめようかと考えたこともあるかもしれないね。じゃあ、他にありますか。お願いします。

子ども　12段落に未完成のモアイと書いています。これは、作りかけのモアイがあるということは、急に製造を中止したということなので、次第に森林の木が無くなるということと矛盾しているんじゃないかなと思ったのでそこはやっぱり納得できないと感じました。

教師⑲　なるほど。急な製造中止ではないかということだね。どうですか。作りかけのモアイ。急に作るのをやめたんだよね。ヤシの木が減少していくスピードと急にモアイを作るのをやめたというのは矛盾しているんじゃないかという意見でした。どうでしょう。なるほどね。未完成なモアイが二百六十体。ちょっと想像してみようか。（生徒たち笑う）

教師⑳　はい、じゃあこれはどう。（本文に線を引きながら）運んでるモアイ像。運んでいる途中なのにそこに置いたまま。あれ、木のころは。途中まで運んでいたとして、どこにいったのかな。腐ったのかな。壊れてもう運べなくなってモアイを作るのをやめたのかな。でも急な製造中止っていうのはイメージできますよね。まだありそう。はい、どうぞ。

子ども　僕たちの班の意見はこれまで出てきたものと似ているんですけれど、15行目のところにイースター島の部族間の紛争が起きたと書いてあるんですけれど、さっき話に挙がった急にモアイの製造が中止されたというのも、モアイを運んでいる途中に攻撃を受けたり、そういうことがあったりして、モアイを作ることが難しくなって、作るのをやめたんじゃないかなと思いました。

教師㉑　はい、ありがとう。部族間の紛争というのもでてきたね。部族間の紛争があった。モアイを運んでいる時に攻撃を受けて、それで放棄した。そういうことがあったから、作るのをやめたんじゃないかということだね。急なモアイの製造中止についても部族間の抗争があったのなら納得ができる。（生徒たちはうなずく）だから対岸まで運ぶことができず、モアイを作らなくなったんじゃないかという考えですね。まだありますか。はい、どうぞ。

子ども　またこれまでの話と似てしまうんですけど、その当時は食べ物が第一優先になって、モアイのことがどうでもよくなって作るのをやめてしまったんじゃないかと思いました。

教師㉒　なるほど。モアイを作るよりも食料や生活が第一になったから作らなくなったんじゃないかという意見だね。まだありますか。はい、どうぞ。

子ども　６段落なんですけど、６段落にモアイがそれぞれの集落の祖先神であり、守り神だったからと書いてあるんですけど、これを前提で考えたんですけど、わざわざ守り神であるモアイを森が無くなったからという理由だけでその場に捨てて、それぐらいで作らなくならないというこれまでに出てきた考えに近いんですけど、神様を捨ててまでモアイを作らなくなるということは考えにくかったので、森が消滅したからというよりは、運ぶことができなくなった人に関わる理由があったんじゃないかと考えました。

教師㉓　なるほど。神様を捨ててまで作らなくなることはないだろうというのは確かにそうだよね。森が無くなったことは確かなことなんだけど、モアイを運ぶことができなくなったということとはズレがあるということだね。今までいろいろ意見が出てきましたが、じゃあ皆さんは今黄色ですか。青色ですか。どう考えますか。じゃあ最後に、青の人の意見を聞こうかな。お願いします。

子ども　さっきの発表にあった急なモアイの製

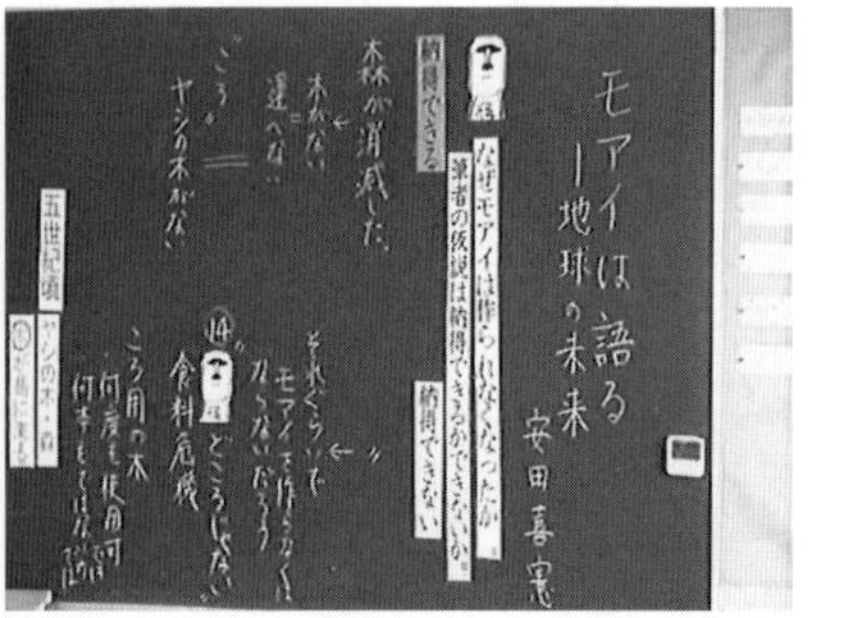

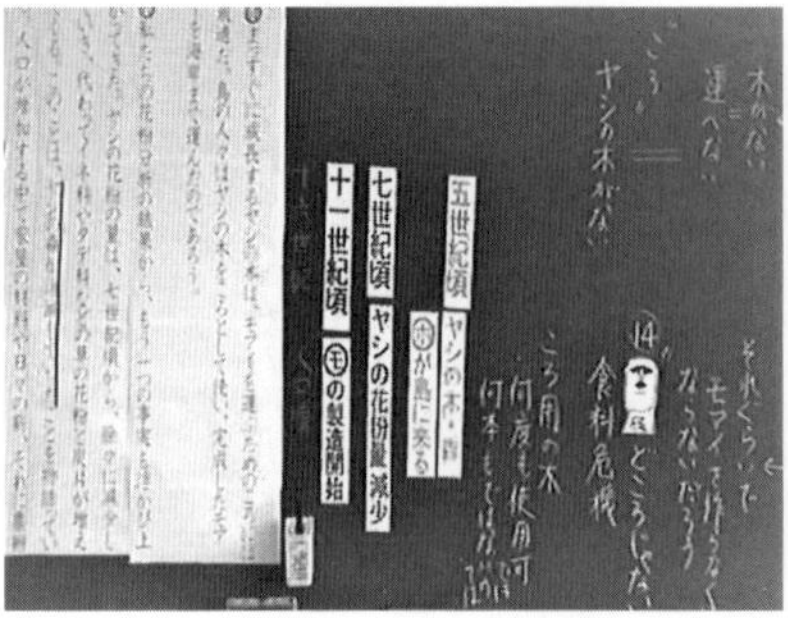

造中止のことなんですけど、途中で放棄されたのはヤシの木がどんどん消費されていって、11段落にもどんどん生活にもヤシを使っていくと書いてあるので、誰かがモアイにいっぱい使うよりも生活に使う方がいいと思って、途中で急に製造を中止したんだと思いました。

教師㉔ 今いいことを言ってくれたね。モアイの製造が始まって木を運搬用に使ったり支柱として使ったりするとあったので、モアイよりも家とかに使った方がいいと思ったということだね。それでモアイを運ぶことはできなくなった。それでモアイを作るのをやめたということですね。いろんな意見が出たんですけど筆者の仮説が納得できるか、納得できないかということについて、皆さんそれぞれ考えてくれました。

〈教師は、ここで話し合いを終わらせ、「イースター島にはなぜ森林がないのか」（鷲谷いづみ）〈東京書籍 小6〉を紹介し、「モアイが運べなくなったとは書いてないよね。新しい意見が出てきましたね。」と述べ、振り返りを書かせ授業を終了させた。鷲谷は、イースター島の森林消滅を「ばっさいという人間による直接の森林破壊と、人間が持ち込んだ外来動物であるラットがもたらした生態系へのえいきょう」としている。〉

イースター島の文明について、ほとんど知識のない生徒が吟味することは難しい。だから、この授業のように「納得できるかできないか」の観点で吟味し、疑問を明らかにしてオープンエンドで終了させることには意味がある。ここから調べ学習などの意欲的で発展的な学習が可能になる。ただし、「他の可能性はないか」などの論理に関わる吟味の方法について、メタ的に子どもたちに自覚させる必要があったのではないか。

【教材】「モアイは語る―地球の未来」（安田喜憲）（本論3を含む関連する部分のみ抜粋）

10まっすぐに成長するヤシの木は、モアイを運ぶためのころには最適だ。島の人々はヤシの木をころとして使い、完成したモアイを海岸まで運んだのであろう。

11私たちの花粉分析の結果から、もう一つの事実も浮かび上がってきた。ヤシの花粉の量は、七世紀頃から、徐々に減少していき、代わってイネ科やタデ科などの草の花粉と炭片が増えてくる。このことは、ヤシの森が消滅していったことを物語っている。人口が増加する中で家屋の材料や日々の薪、それに農耕地を作るために伐採されたのだろう。さらに、モアイの製造が始まると運搬用のころや支柱としても使われるようになり、森がよりいっそう破壊されていったのだと考えられる。

12ラノ・ララクの石切り場からは、未完成のモアイ像が約二百六十体も発見された。なかには作りかけの二百トン近い巨像もあった。運ぶ途中で放棄されたモアイも残されている。おそらく森が消滅した結果、海岸までモアイを運ぶことができなくなったのであろう。

13では、モアイを作った文明は、いったいどうなったのだろうか。

14かつて島が豊かなヤシの森に覆われていた時代には、土地も肥え、バナナやタロイモなどの食料も豊富だった。しかし、森が消滅するとともに、豊かな表層土壌が雨によって浸食され、流失してしまった。火山島はただでさえ岩だらけだ。その島において、表層土壌が流失してしまうと、もう主食のバナナやタロイモを栽培することは困難となる。おまけに木がなくなったため船を造ることもままならなくなり、たんぱく源の魚を捕ることもできなくなった。

15こうして、イースター島はしだいに食料危機に直面していくことになった。その過程で、イースター島の部族間の抗争も頻発した。そのときに倒され破壊されたモアイ像も多くあったと考えられている。そのような経過をたどり、イースター島の文明は崩壊してしまった。モアイも作られることはなくなった。文明を崩壊させた根本的原因は、森の消滅にあったのだ。千体以上のモアイの巨像を作り続けた文明は、十七世紀後半から十八世紀前半に崩壊したと推定されている。

（段落番号は髙橋）

（中学校国語教科書『国語二』二〇一五年、光村図書）

2 「モアイは語る―地球の未来」（安田喜憲）の単元計画と本時案

国語科学習指導計画

学級　２年Ｂ組　36名
授　業　者　原田俊子
共同研究者　阿部　昇

Ⅰ　教材名と指導のポイント

「モアイは語る―地球の未来」　―筆者の主張を支える根拠を吟味する―

Ⅱ　目　標

(1) モアイについての謎を読み解きながら，論説文の楽しさを味わうことができる。
(2)「問題提起・筆者の仮説・論証」と整理された文章の展開に注目し，筆者の主張を捉えることができる。
(3) 筆者のものの見方や考え方について自分の考えをもつ。
(4) 文章を吟味することで，思考を表す抽象的な語句や，環境問題に関連する語句について理解を深めることができる。

Ⅲ　生徒について

昨年から授業を受けもつ２年目の生徒たちである。当初，じっくりと文章を読むことが苦手な生徒は，一問一答式で正解か不正解か即答できるものを好む傾向が強かった。しかし，文章をじっくりと読む評価読みを行ってきたところ，自分の考えをもつときには「なんとなく」と勝手に想像するのではなく，本文に根拠を求めて読み考えようとする姿勢が身に付いてきた。

まだまだ読解力に個人差があるものの，同様に読んでいながら「なるほど」と納得させられるという友達の「読み方」に刺激を受け，本文に根拠を見つける「読み」を積極的に行う姿勢も見られてきている。

Ⅳ　教材について

本教材は，中学に入学して初めて出会う「論説文」である。問題提起し，仮説を立て，論証するという繰り返しで展開する文章である。一般的に論説文の構成は「序論・本論・結論」とされるが，本教材は,「本論」の中に筆者の仮説が出てくるので, 内容上の結論は「本論」部分にあると考える。「結論」部分は，構成上の結論で，発展的な第２の結論と捉え，本論についてまず評価読みをしたいと考えた。「論説文」は「説明文」と異なり，はっきりとしていない事実に対して筆者が考えや主張を述べる文章であることを説明すると共に，その主張・考えを納得させるためにどのような論証をしているか，その論証で十分なのかどうかを評価読みして，文章読解を深め，文章を吟味して読む力を付けたいと考えた。

社会に出て様々な文章や様々な考え・主張に出会った時，感覚で受け入れたり批判したりするのではなく，根拠をもとにより正しいとらえ方ができるようになること，また自分が発信者になった時，自分の主張にも根拠が必要であることを十分理解して提示できるようになることが期待できる教材である。

Ⅴ　社会に参画する主体の育成を目指して

本教材の大部分は「モアイ」そのものの謎解きであり，生徒も興味深く読めそうである。また，仮説（＝筆者の考え）を支える論証も, 筆者自身の検証から得たものと既成の説を用いたものがあるので, 諸説ある「モアイ」や「イースター島」について何かしらの知識をもつ生徒にとっては，疑問を抱く部分が出てくると考えられる。そのような部分で読みの差が生じればこそ，授業で小グループでの話合いの時間を取り入れ，友達の意見や文章の読み方に触れることが，自分の読みと考えを深めていくことにつながると考える。

評価読みは，本文を単に批判するのではなく優れた文章表現に気づく読みともなる。筆者の仮説を支える論証部分を吟味することで，文章の善し悪しではなく，何が足りないのか，どこが納得できない部分なのかを読む目が備わる。そして同時に，自分の考えに対しても根拠が必要であることを実感し，社会に出た時，自己の意見を他者に正しく伝えることができ，他者の意見を正しく受け止めることができることにつながるだろう。

また，振り返りシートで，「自分が今日できたこと」と「注目した友達の考え」を記すことは，自己肯定感を高め，友達同士を認め合う望ましい人間関係の構築につながると考える。

Ⅵ　全体計画（総時数９時間）

主な学習活動	指導の手立て	時数
○　本文を通読し，大まかな内容を捉え，題名・内容・構成（序論・本論・結び）について確認する。	○　一読で内容をどう捉えたか，全体の傾向を知るため，記入式のプリントを準備する。 ○　文章を意味段落に分けるよう指示する。	1
○　前時の捉えを紹介し，初発の読みを一つのポイントとし，丁寧に全体を確認しながら読む。 ○「序論」で〈問題提起〉がなされその回答である〈仮説〉＝筆者の主張を捉える。 ○〈仮説〉を支える根拠となる〈論証〉も「本論」にあることを確認しする。	○　初発の読みと内容が異なっている部分があったとき，誤解を生む原因は何であるか，吟味するよう指示する。 ○　本文に印を付けながら読めるように，拡大した本文を準備する。 ○「序論」中の四つの問題提起と対応した，四つの仮説とその検証が「本論」中にあることを確認し，色分けして線を引き，文章の展開が一目で分かるようにする。 ○「結論」部分に問題提起の回答がないことから，この文の構成が〈序論・本論・結び〉となっていること，本論に内容上の結論があることを補足説明する。	2
○〈論証〉部分が既成の研究結果なのか，筆者の研究による結果なのか確認をする。 ○〈問題提起〉①，②に対する〈仮説〉は正しいと言えるかどうか吟味する。 （３～10段落まで）	○〈論証〉部分で，疑問に思うところ，納得できるところを確認し合うように指示する。 ○　①「誰が作ったか」に対する仮説「ポリネシア人」について，信憑性はあるのかどうか吟味するよう指示する。４～６段落にある情報の「ポリネシア人の生活」「モアイの作り方」に疑問はないか，助言する。 ○　②「モアイをどうやって運んだか」に対する仮説「木のころを使用」について吟味するよう指示する。筆者の研究が検証に使われしっかりとした論証が成されていることを助言する。	2
○〈問題提起〉③，④に対する〈仮説〉は正しいと言えるかどうか吟味する。 （11～15段落まで） ○　筆者の主張に対して，自分の考えをもつ。（批判的読解） ○　発表交流で自分と異なる視点や意見に触れて，自分の考えを深める。	○　③「いったい何があったのか」に対する仮説「森が消滅し運ぶことができなくなった」について，信憑性はあるのかどうか吟味するよう指示する。11～12段落にある情報に疑問はないか確認し合うようにする。 ○　④「文明はどうなってしまったのか」に対する仮説「17～18Ｃに崩壊した」ということに加え，その原因も含め信憑性を確認するよう助言する。 ○　二つの問いについての答えは「モアイ」について書かれている時系列に従い，前時までの読みも加味して考えるように指示する。	2 本時 7/9
○「序論」と「本論」との関係を整理し，更に「結論」部分の関係を読み取る。 ○　筆者の第２の主張に対して自分の考えをもつ。	○「結論」部分で述べられている，第２の筆者の主張を導く本文を，再読するよう指示する。 ○　筆者の第２の主張に対して，自分の意見を根拠を明確にして書くように指示する。	2

Ⅶ　本時の計画

1　ねらい

○　筆者の主張について，本文に根拠を求め確かなものか吟味することができる。

2　展　開

過程	学　習　活　動	予想される生徒の姿
問いの練り上げ・課題設定	1　問題提起③の内容と，それに対する筆者の仮説を確認する。 「問題提起③に対する筆者の仮説はどんなものだったかな？」 2　本時のめあてを確認する。 ③に対する筆者の仮説は正しいと言えるか？　本文から検証しよう。	○　問題③を確認する。 ・「モアイが作られなくなったのはなぜだろう？」 ○　③仮説を確認する。 ・「森林が破壊されたから。」 ・「モアイを運ぶことができなくなったからだろう。」
課題追究・問い直し	3　③の問いに対する仮説をグループで検証し，発表し合う。	○　筆者の立てた仮説の根拠を⑪⑫段落を中心に探し，納得できる納得できないを話し合っている。 ・「⑪段落に，『モアイの製造が始まる～森がよりいっそう破壊されていったのだと考えられる。』とあるからモアイのせいでヤシの木がなくなったといえるよね。」 ・「木がなくなったのは人口増加のため農耕地に使いすぎたからで，モアイのせいとは言えないんじゃないかな。」 ・「『運ぶ途中で放棄されたモアイも残されている』とあるけれど，運ぶ途中で木が無くなるわけないから，ここは，木がなくなったせいとは言えないよね。」 ・「『おそらく～だろう』だから，言い切れる自信がないのでは？」
	4　「東京書籍小六国語」にある，『イースター島にはなぜ森林がないのか』を聞く。	○　自分たちの読みが間違っていなかったことを確認している。 ・「諸説あるから，今回のようによく読まないと間違ったとらえ方をするかもしれないな。」
まとめ・振り返り	5　本時の振り返りをする。	○　振り返りシートに，今日自分ができた読みと，友だちの意見など，気付いたことを書いている。

3　評価規準

○　グループでの話合い活動を通して，筆者の仮説（主張）について，論証部分に根拠を見つけて納得できることとできないことを読み分けることができる。

□＝評価　◫＝目指す生徒の姿

指導の手立て	期待される生徒の姿
○　確認しやすいように拡大本文を掲示して確認する。（③の問いと，それに対する仮説部分を確認する。） ○　初発の読みで，モアイが作られなくなった理由で挙げられた内容を紹介し，教科書で再確認するように指示する。 ○　注目するポイントがわかり見やすいように③「モアイが作られなくなったのはなぜ」にも線を引く。	○　②段落にある，「あるときを境として～なくなる。いったい何があったのか。」という二文を要約し，簡潔に答えようとしている。 ○「森林の減少」，「モアイを運ぶことができなくなったから」といういずれかの仮説を示しつつ，どっちなのか考えている。 ○　仮説の部分を見つけ，自分のプリントにも線を引きながら，論証部分を探そうとしている。
○　話し合いが進まないグループには，⑪～⑫段落を中心に探すように指示する。 ○　読みが深まるように補助発問を準備する。 ・「『森林破壊』，『モアイが作られなくなった』，『モアイを運ぶ手段がなくなった』の３つはどんな順番になっているのかな？」 ・「モアイはいつ頃作られたんだっけ？」 ・「⑪⑫段落以外にも筆者の仮説を論証できる部分があるかも。他の段落も探してみていいよ。」 ○　全体の話し合いの場で出ないようであればグループに返して短時間で話し合うようにする。 ○　評価読みをすることが，正しい読みにつながることを実感できるように，東京書籍小六国語の教科書にある『イースター島にはなぜ森林がないのか』の文章の一部を読んで紹介する。	○　仮説の論証部分で，新たな情報があることに気付き，さらに吟味して読んでいる。 ・「ヤシの木がなくなったのは，モアイを運ぶために切ったせいだけではないよ。家屋や材料，日々の薪，農耕地とも書いてあるし。」 ・「モアイが作られなくなってから，運ぶ手段がなくなったと言える。」 ・「ヤシの花粉が減少した時期が７世紀とあるけど，４段落に11世紀頃にモアイの製造が始まると書かれていて矛盾しているよね。」 ・「⑮段落に，島が食料危機になったとあるから，モアイを作っている場合じゃなくなったとも考えられるよ。」 ・「モアイが作られなくなった理由は『ころ』がなくなったからだということには納得できない。」 ［評価］③の仮説について「そうは言い切れない」と言える根拠を本文から示すことができている。
○　自分の考えの深まりや，友達と関わりながら学習するよさを感じ取れるように，本時の授業で自分が達成感を得たことや，注目した友達の考えなどについて振り返るように指示する。	［目指す生徒の姿］評価読みをすることで，意見を支える根拠の大切さに気付くとともに，自己の考えをもつことができる。

3 「モアイは語る—地球の未来」の教材研究

原田 俊子（秋田市立飯島中学校）（前・秋田大学教育文化学部附属中学校）

1 「モアイは語る」の構成・構造—構造よみ

この文章は「序論・本論・結び」の三部構成である。まず、序論で四つの問題提示を行っている。

問題1 誰がモアイを作ったのか。
問題2 どうやってモアイを運んだのか。
問題3 モアイが作られなくなったのはなぜか。
問題4 モアイを作った文明はどうなったのか。

本論中にこれらの謎に対する筆者の仮説が書かれている。ただし、それらは結びで再度提示されていない。本論中に定説（結論）が述べられるかたちである。したがって結びは、発展的な仮説（主張）ととらえられる。

「モアイは語る」の構造は、以下のとおりである。

2段落ですでに紹介した四つの問題提示を示す。ここ

「モアイは語る—地球の未来」は、安田喜憲が書き下ろした説明的文章である。掲載は、光村図書・中学校国語教科書2年である。イースター島のモアイの成立と消滅の謎を解き明かしていく。

序論で四つの問題が提示され、本論でそれらの答えと根拠が示されている。結びでその答えに基づく発展的な考察がある。本論に述べられているモアイが突然作られなくなった理由については、安定的な定説はまだない。研究者によって見解に違いがある。本論の中で示されていることはほとんどが仮説である。また、結びで「イースター島で起きた出来事は、地球の未来に大きな問題を投げかけている」も筆者の仮説である。したがって、この文章は、論説型の説明的文章ということになる。

序論	本論				結び
1—2	3—15				16—20
	3—6 本論1	7—10 本論2	11—12 本論3	13—15 本論4	
問題提示①モアイを誰が作ったのか ②モアイをどうやって運んだのか ③モアイはなぜ突然作られなくなるのか ④モアイを作った文明はどうなったのか	モアイはポリネシア人が作った	モアイはヤシの木のころで運んだ	森の消滅でモアイを運べなくなり作られなくなる	森の消滅で土壌が流失し文明は崩壊	発展的考察

までが序論である。その後、この四つについて検討を進め、それぞれ本論の中でそれらの答えを示す。仮説である。そして、16段落から結びとなる。16段落からは、モアイに関する考察に基づいて「地球の未来」について仮説を展開している。

本論は、したがって3段落〜15段落で右で述べてきたとおり四つの問題提示とそれに対応する四つの仮説を述べる。本論1が誰がモアイを作ったのかについての仮説で3段落〜6段落、本論2がどうやってモアイを運んだのかについての仮説で7段落〜10段落、本論3がモアイが作られなくなったのはなぜかについての仮説で11段落〜12段落、本論4がモアイを作った文明はどうなったのかについての仮説で13〜15段落である。

なお、本論1〜本論4相互は一見並列にも見えるが、展開型である。本論1：モアイはポリネシア人が作った↓本論2：モアイをヤシの木のころで運んだ↓本論3：森が消滅しそれができなくなる↓本論4：その後、その文明は崩壊した——と、前の結論（仮説）を受けてそれに基づき次の考察を展開している。

2 「モアイは語る」の論理―論理よみ

序論は、四つの問題提示が示される2段落が柱である。柱の文は、四つの問題提示が述べられているすべてである。①文「巨像を誰が作り、あれほど大きな像をどうやって運んだのか。」には二つの問題が含まれる。②③文「モアイは突然作られなくなる。いったい何があったのか。」が三つ目、④文「モアイを作った文明はどうなってしまったのだろうか。」が四つ目の問題提示である。

本論1（3～6段落）の柱の段落は3段落である。①文で「絶海の孤島の巨像を作ったのは誰か。」と序論の問題提示を再掲し、③文で「しかし、最近になって、それは西方から島伝いにやって来たポリネシア人であることが判明した。」と答える。これが柱の文である。。

本論2（7～10段落）の柱の段落は、10段落である。7段落の①文「それにしても、ラノ・ララクの石切り場から、数十トンもあるモアイをどのようにして海岸のアフまで運んだのだろうか。」で序論の問題提示を再度繰り返し、10段落の②文で総括的に答えている。「島の人々はヤシの木をころとして使い、完成したモアイを海岸まで運んだのであろう。」

本論3（11～12段落）の柱の段落は、11段落で花粉分析によって、七世紀頃からヤシが減っていき、やがて消滅した可能性を述べている。12段落の④文でそれを受け「おそらく森が消滅した結果、海岸までモアイを運ぶことができなくなったのであろう。」とまとめている（本論3については、一二〇頁を参照願いたい）。

そして、その森の消滅は、人口が増加する中での家屋の材料や薪、農耕地のための伐採、またモアイ運搬のための支柱としての使用などが関係すると述べる。

本論4（13～15段落）の柱の段落は、15段落である。13段落でモアイを作った文明は「どうなったのだろうか。」と序論の問題提示を繰り返す。そして14段落で「森林の消滅」→「表層土壌が流出」→「主食の栽培が困難」という推論を展開する。さらに木がなくなったことで船が造れなくなり魚を捕れなくなったと付け足す。15段落ではそれらに加え「部族間の抗争の頻発」も推論し、15段落の③文で「そのような経過をたどり、イースター島の文明は崩壊してしまった。」とまとめている。

3　「モアイは語る」の評価と批判―吟味よみ

(1) 評価的吟味

序論で四つの問題が提示され、それが本論1〜本論4で答えられるという構成になっている。同時に読者が興味をもつ謎の提示にもなっている。また、本論1〜本論4では、それぞれ小問題提示をしたうえで、「問題→仮説→検証」または「問題→論証→仮説」という説得力のある構成になっている。数値・データを具体的実証的に示し説得力のある内容になっている。質の高い論説型の説明的文章といえる。

(2) 批判的吟味

質の高い文章であるからこそ、疑問も見えてくる。ここでは、本論3について批判的吟味をする。

本論3では、モアイが作られなくなったのは「森が消滅した結果、海岸までモアイを運ぶことができなくなったのであろう。」と述べられている。ヤシの木の花粉分析の結果から、花粉が七世紀頃から徐々に減少しヤシの森が消滅していった。それは、家屋の材料・日々の薪・農耕地を作るためにヤシの木が伐採されたからであり、モアイの製造が始まると、ころや支柱としても使われるようになったからであると推理する。

森の消滅の原因の中のモアイ運搬との関係について考えてみたい。まず、これらは、モアイを運ぶ手段がヤシの木のころであることが大前提になっている。それが証明されたうえで初めて成り立つ仮説である。仮に木のころを使っていたとしても、木のころは一度使って終わりではないだろうから、ヤシの木がなくなってもすぐに運べなくなるというわけではないのではという疑問も生じる。また、作りかけのモアイが存在することや、運ぶ途中で放棄されたモアイがあることは、ヤシの木がなくなったという理由が主要なものか疑問が残る。

また、モアイの製造が始まったのは十一世紀頃と前述されていることに対して、ヤシの花粉の減少は七世紀頃から起きていると述べられている。時間的に四〇〇年の時間的な差がある。字数の制約があるとはいえ、この説明が十分とは言えない。

大胆で刺激的な仮説だけに、これらについてより丁寧な説明がほしかった。

4 批判的な読解を丁寧に実現した先進的な授業

阿部　昇（秋田大学）

1 「言葉による見方・考え方」としての批判的読解法

二〇一七年学習指導要領の国語・中3の「読むこと」の内容として「文章を批判的に読みながら、文章に表れているものの見方や考え方について考えること。」が位置づけられた。小中の国語教科書には、すでに批判的読解といえる学習の手引きが登場している。

しかし、多くの国語の授業では、まだ批判的読解は試みられていない。そういう中で原田先生の授業は、正攻法で批判的読解に挑んだ先進的なものと言える。

「モアイは語る」は、論説型の説明的文章であり、実証的で説得力のある論理展開になっている。文章としての質は高い。しかし、どんなに質の高い文章でも、批判的に読んでいく余地はある。

2 子どもたちの豊かで鋭い発言

今回は、本論3について批判的読解を行った。本論3は、「モアイは突然作られなくなる。いったい何があったのか」という2段落の問いに対して、「おそらく森が消滅した結果、海岸までモアイを運ぶことができなくなったのであろう。」と答えている。その過程で「人口が増加する中で家屋の材料や日々の薪、それに農耕地を作るために伐採された」こと、「モアイの製造が始まると運搬用のころや支柱としても使われるようにな」ったことを推理している。森林消滅に、①家屋の材料 ②薪 ③農耕地 ④モアイ運搬に伴う木の切り出し――の四つが深く関わるということである。

それをめぐって子どもたちはさまざまな角度から批

判的読解を進めている。豊かで鋭い発言が多い。

まず、モアイを運ぶ際にヤシの木を「もし何度でも使えるとしたら、森はヤシの木のころに使うためだけに消滅することはないんじゃないかなと思った」と発言している（教師⑭の後）。ヤシの木は繰り返し使える可能性があり、森林消滅を促進する要因としては弱いという読みである。これはこれで一定の説得力はある。

続いて「森林が減っていた時に食料がどんどん減っていくのと比例していくように木がどんどん減っていたので、食料危機ということで文明が崩壊していくということで、モアイが作られなくなったということになるんじゃないかと考えました。」（教師⑮の後）という発言が出てくる。筆者は「食料危機」についても述べているが、それはモアイが作られなくなった原因としてではなく、イースター島の文明が崩壊する原因として述べている（15段落）。しかし、この子どもたちの班では、それもモアイが作られなかった原因とみることができるのではないかと言っているのである。

また、別の班の子どもは、12段落の「未完成のモアイ像が約二百六十体も発見された。」という記述を取り上げ、「作りかけのモアイがあるということは、急に製造を中止したということなので、次第に森林の木が無くなるということと矛盾しているんじゃないかな」と指摘している（教師⑱の後）。確かに二百体もの作りかけがあるということから、比較的急激にモアイ制作が中止されたと推測することもできなくはない。とすると少しずつ進行したはずの森林消滅と矛盾するという指摘である。

さらに、別の班の子どもは、その発言に刺激を受けて「急にモアイの製造が中止されたというのも、モアイを運んでいる途中に攻撃を受けたり、そういうことがあったりして、モアイを作ることが難しくなって、作るのをやめたんじゃないかなと思いました。」と自分たちなりの新たな仮説を述べている（教師⑳の後）。これはこれで興味深い指摘である。筆者は、部族間の抗争も取り上げているが、さきほどと同じイースター島の文明崩壊の原因として挙げているだけである。

子どもたちは適確に筆者の推理の不十分さを多様に指摘している。これは、原田先生がこれまで批判的読解の方法を子どもたちに丁寧に指導してきていることの成果である。

3　学習集団、授業規律など授業づくりの質の高さ

髙橋喜代治氏の指摘にもあるとおり、前を向いて座っていた子どもたちがグループを作る際の手際がたいへんよい。極めて短い時間に机の形を変えている。一つ一つの行動がテキパキすることで、授業が効率よく締まったものとなる。

また、直接記録には示されていないが、授業映像を見ると、グループでの子どもたちの話し合いもかなりの集中度である。これは、グループでの学習の仕方を原田先生が丁寧に指導してきた成果である。

その指導のポイントの一つが司会指導である。原田先生は、各グループごとに司会を設定し進行をさせている。司会の子どもたちは、少しでもグループの話し合いを充実したものにしようと真剣である。これは、選出するだけでなく、丁寧に司会指導をしていることが大きい。授業の始まりなどに極めて短時間の司会の集まりをもち、そこでたくさんほめながら司会の仕方を指導する。

探究型授業つまり主体的・対話的で深い学びの授業では、こういう学習規律や学習集団の指導が重要な意味をもつ。

4　批判的読解の焦点化があるとさらに切れ味を増す

先進的な授業である。そのことを前提にあえて課題を一つ出すとすると、子どもたちから出された批判的読解を焦点化する過程がもう少しあってもよかった。

右の「2」で指摘したとおり、子どもたちの発言はそれぞれそれなりに鋭い。ただし、次々に子どもに発言を促しているために、立ち止まって特定の批判的読解を学級全体で共有し再検証するという過程がやや弱い。

例えば「未完成のモアイ像が約二百六十体も発見された。」について「作りかけのモアイがあるということは、急に製造を中止したということなので、次第に森林の木が無くなるということと矛盾している」という指摘を、再度本文に戻りつつ、グループ→学級全体というかたちで再検証することもできたはずである。言わば「批判的読解の再吟味」である。

そうすることで、多くの子どもたちがこの読解をより深く理解できるようになる。そして、この読解の妥当性をメタ的に再度とらえ直すことになる。

Ⅳ　新学習指導要領・国語科の「言葉による見方・考え方」について考える—現場への提言

1　「見方・考え方」を働かせることによる「深い学び」
——国語科特有の「見方・考え方」とは何か

鶴田　清司（都留文科大学）

1　はじめに

教育課程の改訂をめぐる中央教育審議会での審議の中で、「アクティブ・ラーニング」が「主体的・対話的で深い学び」と再定義されて、新学習指導要領の実施に向けて、表面的な活動にとどまらない「深い学び」のあり方が問われている。

小稿では、中教審答申「幼稚園、小学校、中学校、高等学校及び特別支援学校の学習指導要領等の改善及び必要な方策等について」（二〇一六年十二月二十一日）において論及されている「深い学び」にひとまず依拠しながら、そのあり方を考えてみることにしたい。その際、各教科特有の「見方・考え方」（国語科の場合は「言葉による見方・考え方」）に着目して、いかなる「見方・考え方」をいかに働かせることが「深い学び」の実現に必要であるかを明らかにしていきたい。

2　「見方・考え方」と「深い学び」

先の中教審答申における「『主体的・対話的で深い学び』とは何か」の説明を見ると、「深い学び」について次のように書かれている。

> 習得・活用・探究という学びの過程の中で、各教科等の特質に応じた「見方・考え方」を働かせながら、知識を相互に関連付けてより深く理解したり、情報を精査して考えを形成したり、問題を見いだして解決策を考えたり、思いや考えを基に創造したりすることに向かう「深い学び」が実現できているか。（五〇頁）

また、「『深い学び』と『見方・考え方』」の項においては、「深い学び」の実現のためには、その一つの方法として「各教科等の特質に応じた『見方・考え方』を働かせ」ることが必要であること、それから、「見方・考え方」は「育てるべき資質・能力」の三つの柱（生きて働く「知識・技能」、未知の状況にも対応できる「思考力・判断力・表現力等」、学びを人生や社会に生かそうとする「学びに向かう力・人間性等」）を育成するためにも重要であると述べられている。

こうして、新学習指導要領には各教科ごとに教科固有の「見方・考え方」が明示されるようになった。ちなみに、『小学校学習指導要領解説・総則編』では、次のように説明されている。

> 各教科等の「見方・考え方」は、「どのような視点で物事を捉え、どのような考え方で思考していくのか」というその教科等ならではの物事を捉える視点や考え方である。各教科等を学ぶ本質的な意義の中核をなすものであり、教科等の学習と社会をつなぐものである（以下略）。（四頁）

今回の中教審答申と学習指導要領は、「育てるべき資質・能力」を三つの柱として、コンテンツ・ベースの教育からコンピテンシー・ベースの教育への転換を図ったものであるが、従来の各教科を軽視するということではなく、教科固有の「見方・考え方」を明示している。つまり、子どもたちが「その教科等ならではの物事を捉える視点や考え方」を働かせながら、「資質・能力」の育成をめざそうとしているのである。

周知のように、新学習指導要領に示された国語科固有の「見方・考え方」は次のようなものである。

> 言葉による見方・考え方を働かせるとは、児童が学習の中で、対象と言葉、言葉と言葉との関係を、言葉の意味、働き、使い方等に着目して捉えたり問い直したりして、言葉への自覚を高めることであると考えられる。

他の教科における「見方・考え方」と比べて、国語科の場合はそれを措定するのが困難な面がある。自然科学のように特定の学問的パラダイムが存在していないことが原因である。言語理論にしても文学理論にしても多種多様で、何をもって国語科固有の「見方・考え方」とするかは非常に難しい。この「解説」で説明されている「言葉による見方・考え方」も苦心の産物であろう。しかも、それは特に新しいものではなく、あえて「見方・

考え方」という概念・用語を使わなくても、国語科を担当している教師にとっては自明のことである。

ちなみに算数科では、「数学的な見方・考え方」について、「事象を数量や図形及びそれらの関係などに着目して捉え、根拠を基に筋道を立てて考え、統合的・発展的に考えること」であると規定されている。

こうした「見方・考え方」の重視は、安彦忠彦氏を座長とする「育成すべき資質・能力を踏まえた教育目標・内容と評価の在り方に関する検討会」の「論点整理」（二〇一四年三月）において、次のような学力の三層構造が提示されたことに由来する。

ア　教科等を横断する汎用的なスキル（コンピテンシー）等に関わるもの
①汎用的なスキル等としては、例えば、問題解決、論理的思考、コミュニケーション、意欲など
②メタ認知（自己調整や内省、批判的思考等を可能にするもの）

イ　教科等の本質に関わるもの（教科等ならではの見方・考え方など）

ウ　教科等に固有の知識や個別スキルに関するもの

これは、教科横断的なコンピテンシー（ア）と各教科のコンテンツ（ウ）の間に、「教科等の本質に関わるもの」（イ）をはさみ込んだ形になっている。奈須正裕氏によると、ともすると二項対立的に捉えられがちなコンピテンシーとコンテンツを「教科の本質が仲立ちし、有機的に結びつける関係になっている」という（奈須正裕・江間史明編『教科の本質から迫るコンピテンシー・ベイスの授業づくり』二〇一五年、図書文化、二〇頁）。

ちなみに奈須氏は、（イ）の「教科等の本質に関わるもの」として、①教科における「鍵概念」（個別知識・技能を統合・包括する大きな概念）と、②教科ならではの「認識・表現の方法」（社会科における多面的・多角的見方、算数科における演繹・帰納など）をあげている。今後、国語科の「鍵概念」とは何かについても検討していく必要があるだろう。

さて、先に述べたように、国語科の場合、（イ）の「教科等の本質」に関わる「教科等ならではの見方・考え方」が非常に捉えにくい。私はかつて独自の観点から、その問題に論及したことがある（奈須・江間前掲編著）。

まずは言語を「日常言語」と「文学言語」に区分することが有効であろう。前者は言語論理教育の対象として、主に論理的思考力・表現力、正確な伝達という側面に関与する。後者は、文学教育の対象として、主に文学的認識（異化）、想像力、言語感覚の側面に関与する。そこにはレトリック認識（詩的なものの見方・考え方）としての対比・比喩・擬人化・象徴・曖昧さ、アイロニー・ユーモア等が含まれてくる。

　これは、ことばの「実用的機能」と「美的機能」にも対応している（池上、一九八四）。
・実用的メッセージ……コード依存―解読―発信者中心、無契性、表示義
・美的メッセージ……コンテクスト依存―解釈―受信者中心、有契性、共示義
　こうした二つの観点からメタ言語意識を育てる必要がある。（七二〜七三頁）

このように国語科特有の「見方・考え方」を記号論的な観点から解明していくことは、この問題に対する一つのアプローチと言える。

　小稿では、これについてさらに深く考えてみたい。

3　言語論理教育と文学教育における「見方・考え方」の育成

　先に述べたように、言語論理教育では論理的思考力・表現力の育成が主な目標となり、文学教育では文学的認識（異化）力、想像力、言語感覚の育成が主な目標となる。「見方・考え方」という観点からみると、前者は「論理的な見方・考え方」、後者は「文学的な見方・考え方」ということになる。それらはどのようにしたら育成することができるのだろうか。

　まず、論理的とはどういうことか、文学的とはどういうことか明らかにしておこう。

（1）言語論理教育の立場から

　言語論理教育がめざす論理的思考力とは、屁理屈を言うことでもなければ、観念的・抽象的に考えることでもない。むしろその逆で、宇佐美寛氏が述べているように、どれだけ具体的に考えることができるかどうかということである。

　宇佐美氏があげている子どもの作文を見てみよう（『宇佐美寛・問題意識集6　論理的思考をどう育てるか』

二〇〇三年、明治図書）。

次の作文はどこが問題だろうか？

> 牧場のアイスクリームがありました。食べてみたら、牛乳がたっぷり入っていて、あまりおいしくなかった。でも、少しおいしかった。

大きく二つの問題が指摘できる。第一に、「牛乳がたっぷりはいっていた」と「あまりおいしくなかった」の関係が不明確だということである。ふつうは「たっぷりはいっていた」から「おいしかった」と続くはずである。しかし、そうでないということは、この子は牛乳があまり好きではない、苦手であると推測できる。第二に、「あまりおいしくなかった」と「少しおいしかった」の関係が不明確だということである。「少しおいしかった」のはなぜなのかを説明しなくてはならない。

宇佐美氏は、「論理的」とは「経験との対応が明確に表現されている」ことだと述べている（同書、八七頁）。これが「論理的＝具体的」ということの意味である。先の作文は「この子が持った経験と正確に対応する形では書けていない」ということになる。まさに自分の考えを丁寧に言語化することが必要なのである。

私が提唱する「根拠・理由・主張の3点セット」はそのための有力なツールである（『授業で使える！論理的思考力・表現力を育てる三角ロジック～根拠・理由・主張の3点セット～』二〇一七年、図書文化を参照）。

先の作文で言えば、「牛乳がたっぷり入っている」という根拠（事実）から、「あまりおいしくないが、少しおいしい」という主張（結論）を導くための理由づけが欠けているということになる。理由づけは根拠と主張をつなぐ働きをする。しかも、なるべく自分の生活経験と結びつけて考えることが大切である。それが他者にも思い当たるような経験だとさらに説得力が高まる。

例えば、先にあげた作文は次のように書き直すと、非常に論理的（具体的）になる。

> 牧場のアイスクリームを食べました。牛乳がいっぱい入っていて、あまりおいしくありませんでした。ぼくは牛乳がきらいだからです。でも、少しおいしかったです。なぜかと言うと、その日はとても暑くて、冷

たいアイスクリームが体に気持ちよかったからです。

こう見てくると、（言葉による）論理的な見方・考え方の要諦は、言語行為（話す・聞く・書く・読む）において、自分の知識や経験と結びつけて具体的に考えたり表したりすることができるかどうかということになる。理解行為においては、そうすることによって共感にいたる場合（理由に納得できるとき）もあるし、批判にいたる場合（理由に納得できないとき）もある。

国語科の授業では、自分や他者の考えの根拠は明確であるか、理由は具体的であるかという論理的な見方・考え方を働かせることによって、言葉についての「深い学び」が生まれていくはずである。

(2) 文学教育の立場から

一方、（言葉による）文学的な見方・考え方とは、言語行為（話す・聞く・書く・読む）において、日常的・固定的な見方・考え方を「異化」して、言葉による新しい世界を創造していくことができるかどうかということになる。けっして「文学的＝美文的・修辞的」ということではない。表現行為（文学創作）はもちろん理解行為（文学鑑賞）の本質もそこにある。現実世界を既存のありふれた見方・考え方で言語化するのではなく、「新しい、見慣れぬものとして」捉えて、表現することである。そして、そこに読者が面白さを感じることである。

大江健三郎氏は、『新しい文学のために』（一九八八年、岩波新書）の中で、芸術（文学）の「異化」作用について、次のように述べている。

> ありふれた、日常的な言葉の、汚れ・クタビレをいかに洗い流し、仕立てなおして、その言葉を、人間がいま発見したばかりででもあるかのように新しくすること、いかに見なれない、不思議なものとするか、ということだ。（四二～四三頁）
>
> この文章に書かれていることは、知覚において知っている。しかしこれまでそれがこのように書かれているのを見たことがない。このように実感したこともない。それは見なれない、不思議な書き方であって、しかも確かにこれは真実だと実感される……これが「異化」ということを見る、ひとつの指標である。（五一頁）

文学的な見方・考え方を育てるのに有効な方法とし

て、俳句の創作・鑑賞がある。最近、「プレバト」というテレビ番組（毎日放送）でも取り上げられている。「俳句の才能査定ランキング」は特に人気が高いようだ。

私の母も生前、俳句を生き甲斐にしていた。毎月、俳句教室の先生に添削してもらっていた。添削前と添削後を比べると、ほんの数文字を入れ替えたり並べ替えたりすることによって、日常的・固定的な表現（見方・考え方）が異化されて、文学的な表現に生まれ変わるということがたびたびあった。

最も印象深いのが、次の作品の添削例である。

（添削前）　春昼の木喰仏は微笑めり

（添削後）　春昼は木喰仏の微笑みか

木喰仏とは、江戸時代後期の遊行僧・歌人である木喰が作った一木造の仏像で、微笑を浮かべた温和な表情が特徴である。それより一世紀ほど前の円空仏と並んで有名である。

先の句であるが、添削前の、春の昼の木喰仏の微笑という見たままの平凡な光景が、添削後は、一転、明るく穏やかな春の昼が仏様の慈愛に満ちた微笑によってもたらされたという仏教的世界観が表出された作品に変貌している。まさに「春昼」が異化されることによって、途方もなくスケールの大きな俳句に生まれ変わっている。

文学的な見方・考え方ということはこういうことである。別に俳句・短歌に限らず、すぐれた文学作品には必ずこうした要素がある。名作と凡作の差は「異化」の有無、その的確さ・見事さにある。

芭蕉の有名な句「古池や蛙飛び込む水の音」も、一見平凡な作品に思えるが、実は、蛙の鳴き声を愛でるという日本古来の伝統的な見方・考え方をひっくり返して、蛙の存在を「水の音」によって表現したところが面白い。これによって「古池」に新たな生命が吹き込まれて、味わい深い作品になっている。それまでの日常的・固定的な見方・考え方を異化することによって、日常を超えた新しい見方・考え方（世界観）を開示しているのである。

国語科教育でも、文学教材で教えるべき〈教科内容〉として「異化」をきちんと位置づけるべきである。足立悦男氏の『新しい詩教育の理論』（一九八三年、明治図書）はその嚆矢であったが、その後も「異化」に関する実践的な展開は十分とは言えない。俳句や短歌の場合、ともすると表現技法（音数律、季語、切字、句切れなど）を覚えるという学習にとどまる傾向がある。むしろ、それによっていかなる新しい世界が造形されているのかということがポイントである。まさにそこが「深い学び」の入口となる。物語や小説でも同じである。

文学の授業では、以上のような文学的な見方・考え方を育てるために、「ふつうと違う表現、不思議な表現はないか?」「どうしてそれが面白いのか?」といった学習課題が必要になる。

以上、言語論理教育と文学教育に分けて述べてきたが、最終的には、論理言語、文学言語についてのメタ言語的な学習に進むべきである。つまり、「論理的な表現とは何か」「文学的な表現とは何か」という学習である。

4　まとめ

国語科では、西郷竹彦氏（文芸教育研究協議会）らの先進的な実践を除けば、いかなる「見方・考え方」をいかに育てるかということがはっきりしていない。また、教科横断的なコンピテンシーとしての「思考力・判断力・表現力」として、いかなる「見方・考え方」「表し方」を育てるのかということもはっきりしていない。さらに、「見方・考え方」を働かせることと「深い学び」との関係もはっきりしていない。今後こうした課題が理論的・実践的に明らかにされることを望みたい。

新学習指導要領で示された「言葉による見方・考え方」をふまえつつも、それを相対化し、乗り越えるような実践を創出していくことが求められている。

2　世界を切り分ける力としての〈言葉による見方・考え方〉

松崎　正治（同志社女子大学）

1　はじめに

ある先生が、これから新学習指導要領を踏まえた国語科の授業の準備をしようとしていると想定してみよう。

まず、新しい学習指導要領では、「国語科の目標」は、どうなっているのだろう、と国語科の新学習指導要領を見てみる。すると、次のように書いてある。

言葉による見方・考え方を働かせ、言語活動を通して、国語で正確に理解し適切に表現する資質・能力を次のとおり育成することを目指す。（文部科学省、二〇一八a、一一頁）

はて？〈言葉による見方・考え方〉とは何だろうか。新学習指導要領をさらに読むと、次のようにある。

言葉による見方・考え方を働かせるとは、児童が学習の中で、対象と言葉、言葉と言葉との関係を、言葉の意味、働き、使い方等に着目して捉えたり問い直したりして、言葉への自覚を高めることであると考えられる。（文部科学省、二〇一八a、一一頁）

〈言葉による見方・考え方〉を働かせるとは、「言葉への自覚を高めること」ということなんだ。それも、「対象と言葉、言葉と言葉との関係を、言葉の意味、働き、使い方等に着目して捉えたり問い直したりして」行うのか。しかし、ぴんとこないな。それが正直なところだ。次々と疑問が湧いてくる。

　そもそも、〈見方・考え方〉って何？　他の教科ではどうなっているの？　なぜ、以前には余り言われていなかった〈見方・考え方〉が大切だとされるようになったんだろう？　そして、〈言葉による見方・考え方〉をどう考えたらいいだろう？　〈言葉による見方・考え方〉を働かせた授業は、いったいどんなものだろう？

　この先生の疑問を次章から一緒に考えていこう。

2　学習指導要領での〈見方・考え方〉と国語科以外の教科の例

　そもそも、〈見方・考え方〉とは何だろうか。新学習指導要領の総則には、〈見方・考え方〉が次のように定義されている。

「どのような視点で物事を捉え、どのような考え方で思考していくのか」というその教科等ならではの物事を捉える視点や考え方（文部科学省、二〇一八b、四頁）

　その上で、「見方・考え方」こそが、「各教科等を学ぶ本質的な意義の中核」であり、「教科等の学習と社会をつなぐもの」でもあり、「深い学びの鍵」であると強調している。きわめて重要な概念であることが分かる。

　この定義に即して、各教科の小学校学習指導要領では、次のように具体化されている。

【社会科】は、空間・時間・関係（視点）に着目して社会的事象を捉え、それを比較・分類・総合・関連づけという方法で考えようとしている。

【算数科】は、数量・図形・関係などに着目して事象を捉え、根拠を基に筋道を立てて考え、統合的・発展的に考えようとしている。

【理科】は、自然の事物・現象を分野毎に次のような視点から捉える。「エネルギー」＝量的・関係的な視点、「粒子」＝質的・実体的な視点、「生命」＝共通性・多様性の視点、「地球」＝時間的・空間的な視点。これらの視点から捉えた自然の事物・現象を比較、関係付け、条件制御、多面的に考えることといった「考え方」を用いて、問題解決しようとする。

　これら三教科は、〈視点〉や〈考え方〉が明快である。

社会科学、自然科学という親学問の成果を活かしながら構成されているからであろう。

　いっぽう国語科は、捉える対象や事象が「対象と言葉、言葉と言葉との関係」であり、捉え方が「言葉の意味、働き、使い方等」に着目して「言葉への自覚を高めること」である。社会科や算数科、理科に比べると、国語科は、曖昧さがぬぐえない。

　同じ言葉に関わる教科として【外国語活動・外国語】では、「外国語やその背景にある文化を、社会や世界、他者との関わりに着目して捉え」るという視点で、「コミュニケーションを行う目的や場面、状況等に応じて、情報を整理しながら考えなどを形成し、再構築すること」という考え方である。

　やはり、外国語活動・外国語と比べても、国語科の〈見方・考え方〉は曖昧で、分かりにくい。

　そこで、〈見方・考え方〉は、どのようなものとして構想されてきたのか。中央教育審議会教育課程部会委員はじめ各種委員を務めて、新学習指導要領策定に深く関わっていた奈須正裕による〈見方・考え方〉の論をもとに、次章で考えていきたい。

3 〈見方・考え方〉の重視とその意義

　これまで日本の学習指導要領は、教育内容中心であった。いっぽう世界は知識基盤社会の進展に伴って、教育内容中心から資質・能力重視の教育に変化している。このような現状認識の下、中央教育審議会は「育成すべき資質・能力を踏まえた教育目標・内容と評価の在り方に関する検討会」を設置して、二〇一四年三月三一日に「論点整理」を公表した。そこでは、各教科の教育目標・内容を三つの視点から分析・検討すべきだとしている。

　本人もその会の委員であった奈須正裕は、この三つの視点を「論点整理」から次のように引用している。

ア）教科等を横断する汎用スキル（コンピテンシー）等に関わるもの

イ）教科等の本質に関わるもの（教科ならではの見方・考え方など）

例：「エネルギーとは何か。電気とは何か。どのような性質を持っているのか」のような教科の本質に関わる問いに答えるためのものの見方・考え方、処理や表現の方法など

ウ）教科等に固有の知識や個別スキルに関するもの

（奈須、二〇一七、三九頁）

とりわけ、本稿に関わっては、「イ）教科等の本質に関わるもの（教科ならではの見方・考え方など）」が注目される。例に挙げられている〈「エネルギーとは何か。電気とは何か。どのような性質を持っているのか」のような教科の本質に関わる問いに答えるためのものの見方・考え方、処理や表現の方法など〉は、その後の新学習指導要領の策定に際しての指標となった。

さらに、奈須（二〇一七）は、次のように述べている。

（教科カリキュラムでは、）各親学問に固有なものの「見方・考え方」と、それを達成する認識なり表現の方法を身に付け、自在に活用できるようにする必要があります。／これこそが教科の本質ないしは教科の系統と呼ばれてきたものであり、……「各教科等の特質に応じた『見方・考え方』」です。そしてこのような意味での教科の系統に沿って行われる指導が本来の系統学習、系統指導なのです。（一二〇頁）

〈見方・考え方〉を活用できるようにまでなることが「本来の系統学習」と強調している。さらに、教科学習は、知識の構造化が親学問に近似していくことだとして、次のように述べている。

教科を学ぶとは単に知識の量が増えるだけでなく、知識の構造化のありようが、その教科の親学問が持つ固有な構造に近似していくよう組み変わり、洗練されていくことなのです。（一二四頁）

こうして、〈見方・考え方〉は、日常の生活経験だけでは到達しがたい科学的認識の深まりをもたらし、〈見方・考え方〉の角度から教科等を眺め直すことが重要であると論じられている。

学習指導要領の大枠の理論的背景はこのようなものであるが、国語科の学習指導要領策定過程では、どのように論じられていたのだろうか。

4　ワーキンググループやチームの提言

新学習指導要領が告示されるまでに、中央教育審議会内には、〈国語ワーキンググループ〉と外国語教育と国語教育をつなぐ〈言語能力の向上に関する特別チーム〉が二〇一五年に設けられた。これらが提言した「言語能力の向上に関する特別チームにおける審議の取りまとめ」（二〇一六年八月二六日）によっても、〈言葉による見方・考え方〉がどのように構想されていたかが分かる。本取りまとめの「言葉の働きと仕組みについて」の中では、次のように説かれている。

言葉には、固有の特徴に支えられた世界を切り分ける力（分節する力）があることを理解する必要がある。私たちは、言葉の習得とともに、言葉が持つ概念によって分節化しながら世界を認識している。このため、使用する言語が異なれば、世界の認識の仕方も異なることが知られており、このことは、言語の習得に当該言語を生み出した文化の理解が欠かせないことを示している。（四頁）

また〈言語能力の向上に関する特別チーム〉の今井むつみ委員（言語認知発達・言語心理学）は、次のように言う。

ほかの言語で、自分の母語と違う概念の切り分けをしているということを理解するのはなかなか難しくて、そこが外国語を学習するときの非常に大きな障害になっていると思うんですよね。……子供を見ていて気付くのは、自分の母語の切り分けがどの世界でもユニバーサルだというふうに思ってしまうこと。（〈言語能力の向上に関する特別チーム〉第三回（二〇一六年一月一三日）議事録）

このように、「言葉には、固有の特徴に支えられた世界を切り分ける力（分節する力）がある」こと、自分の切り分け方が「ユニバーサル」だと思い込む陥穽にはまらないようにメタ認知する必要性が、強調されている。

これらは、先の奈須の〈見方・考え方〉論から見ても、妥当性があり、分かりやすい。これらの考え方は、新学習指導要領に直接書かれることはなかったが、重要な考え方として引き継ぎたい。

5　新しい「言葉による見方・考え方」

　ワーキンググループ等の提言である「世界を切り分ける力」は、言語学の歴史を踏まえると、〈言葉による見方・考え方〉として根本的な発想であるといえる。

　一九世紀まで多くの人は、きちんと区分され、分類されている事物や普遍概念を言葉という道具で写し取り、名付けるのだと考えてきた。しかし、二〇世紀になると、近代言語学の祖フェルディナン・ド・ソシュール（Ferdinand de Saussure、一八五七〜一九一三年）は、言葉が混沌とした連続体を非連続化し、概念化すること、言葉があって初めて概念が生まれることを唱えた。つまり、言葉は世界を切り取り、差異化して概念を構成するものである。

　その結果、〈言葉による見方・考え方〉は、言葉を使う人がどういう民族や文化に属し、いかなる立場や観点に立っているか、どういう状況や文脈に即しているかによって、全く違う見方や考え方になってくることが明確になってきた。

　今井委員の先の発言は、母語教育と第二言語教育を比較しての観点からの発言である。情報発信者の立場や見方が異なれば、概念の切り分け方や表現の仕方が変わってくる。自分の切り分け方が「ユニバーサル」だと思い込むところから離れて、自己の言語の見方を相対化したり、ずらしていくことが必要である。このような立場に立ってこそ、外国語活動・外国語と国語科との連携も基礎を得ることができよう。

　こういう言語の本質を知ることから、言語活動のメタ認知が図れ、それがメタ言語能力として定着していく。

6　〈言葉による見方・考え方〉と授業

〈言葉による見方・考え方〉の中核を世界を切り分ける力（分節する力）と考えると、これまでに実践されてきた授業の中にも、ヒントがある。二つ挙げよう。

　第一の例は、府川（二〇〇四）の「書き換え」学習である。五年生の実践「登場人物へのインタビュー記事を書こう〜この人にインタビュー『大造じいさんとガン』」は、学習者が大造じいさんにインタビューするという設定である。登場人物の心情や場面についての描写など優れた叙述を味わいながら読み、インタビューの内容を記事に書くという全一〇時間の授業である。

例えば、残雪を放す場面のインタビューから、大造じいさんの晴れ晴れとした気持ちについて読みを交流したり、インタビューの内容に自分のコメントを添えて、記事の形にまとめる、といった活動が行われている。

府川（二〇〇四）は、次のように「書き換え」学習体験の意義を述べている。

> ことばは認識を創り出すが、逆にそれによって私たちのものの見方や考え方や感性は縛られてしまう。それは、一方的な認識や偏った感性を作り出すことにもつながる。「書き換え」学習は、そうした一元的な認識にひびを入れ、変化を起こそうとする意図を持っている。（一二二～一二三頁）

〈言葉による見方・考え方〉は、ひとつのものに凝り固まると、比喩的に言えば、言葉の牢獄に閉じ込められることにもなりかねない。この「書き換え」学習は、「一方的な認識や偏った感性」に「ひびを入れ、変化を起こそうとする」点で、先の今井むつみ委員が言及していた〈自分の切り分け方が「ユニバーサル」だと思い込む陥穽〉から自由になる方途を探ろうとした実践であるといえよう。

第二の例は、三藤（二〇一〇）の物語づくりである。その中に、「視点転換」の授業がある。これは、次のように行われた。

①同じ内容のものをAという人物から書いたものとBという人物から書いたものを読んで聞かせる。

②同様に、自分の書いたものを「視点」を変えて書き直してみる。

ある児童は自分が弁当箱を買ってもらうことについて、児童本人と母親の視点から次のように書き分けている。児童の視点からだと「あれを買ってほしいな」「しばらくねばりましたが、そのかいあってお母さんに買ってもらうことができました」という文になる。これが、母親の視点からだと「だだをこねるので」「無駄づかいしちゃだめ」「娘のしつこさに負けて買うことにしました。」という表現になる。

複数の視点に立つ物語づくりをすることが、〈言葉による見方・考え方〉を意識させることにつながっている。

7　おわりに

〈言葉による見方・考え方〉を〈世界を切り分ける力〉と考えると、それは様々にあることになる。大切なことは、実践事例にあったように、誰がどの立場から世界を切り分けているのかを表現から批判的に吟味することである。それが、私たちを広くて深い言葉の世界へ、多様な世界へ連れ出してくれる。

文献

藤森裕治（二〇一八）『学力観を問い直す　国語科の資質・能力と見方・考え方』明治図書

府川源一郎他編著（二〇〇四）『認識力を育てる「書き換え」学習―小学校編―』東洋館出版

丸山圭三郎編（一九八五）『ソシュール小事典』大修館書店

松崎正治（二〇一九）「国語科で育てる〈資質・能力〉と〈言葉による見方・考え方〉」・グループ・ディダクティカ編『深い学びを紡ぎ出す～教科と子どもの視点から』勁草書房

三藤恭弘（二〇一〇）『書く力がぐんぐん身につく「物語の創作／お話づくり」のカリキュラム三〇―ファンタジーの公式―』明治図書

文部科学省（二〇一八a）『小学校学習指導要領（平成二九年告示）解説　国語編』東洋館出版

文部科学省（二〇一八b）『小学校学習指導要領（平成二九年告示）解説　総則編』東洋館出版

奈須正裕（二〇一七）『資質・能力と学びのメカニズム』東洋館出版

3　「言葉による見方・考え方」を核とした国語科学習指導の可能性

松山　雅子（四天王寺大学）

1　国語科の教科特性

元来、国語科は、知識・情報科目の他教科とは異なり、言葉で考える方法を学び、社会で応用しうる思考力を育み、自律した言語生活者を育む教科として位置づけられてきた。新学習指導要領で「言葉による見方・考え方」をあらためて明示した背景には、国語科の根幹であるはずの言葉で考える方法を学びうる学習指導状況がなかなかに実現しづらい実態を如実に反映しているように思う。

小中学校の新学習指導要領国語編「第２章国語科の目標及び内容」には、教科の目標を「言葉による見方・考え方を働かせ、言語活動を通して、国語で正確に理解し適切に表現する資質・能力を次のとおり育成することを目指す。」とし、「言葉による見方・考え方」について、次のように丁寧に解説する。「児童（生徒）が学習の中で、対象と言葉、言葉と言葉との関係を、言葉の意味、働き、使い方等に着目して捉えたり問い直したりして、言葉への自覚を高めることであ」り、「様々な事象の内容を自然科学や社会科学等の視点から理解することを直接の学習目的としない国語科においては、言葉を通じた理解や表現及びそこで用いられる言葉そのものを学習対象としている。このため、『言葉による見方・考え方』を働かせることが、国語科において育成を目指す資質・能力をよりよく身に付けることにつながることとなる[1]」。

なによりもまず、ここで言う「様々な事象の内容を自然科学や社会科学等の視点から理解することを直接の学習目的としない国語科」という教科特性を、私たちは、あらためて確認し、授業を構想していく必要がありそうだ。情報（専門的内容）を情報として捉えるのならば、質的理解の深さと厚みは、それを専門とする教科の学びに委ねられる。言い古されてきたことではあるが、国語科は、表現された思想を、表現された情報（内容）を扱う。書き手が異なれば、同じタンポポの生育でも、異なる題名、異なる書き出し、異なる言葉選び、構文、文章の組み立て、挿絵や写真との関係性等によって、独自の表出内容として、読み手の前に提示される。国語科では、書き手Aのタンポポは、書き手Bのタンポポとは違う。そこが、おもしろい。そこにこそ、学習者が出会う価値のある書き手が存在する。他者の発見が用意されている。

国語科の学習指導に携わる私たちは、科学的事実として実証的知となった事柄を、この書き手はどのように読み手に向かって表してみせるのか、その戦略を、その意志を代弁する言葉選びや文章構成のなかに読み取る楽しさとして、学習者と分かち合ってきたはずである。テクスト享受力は、この意味において、文学的文章ばかりに限ったことではない。周知のことであるにもかかわらず「言葉による見方・考え方」をあらためて取り立てた新学習指導要領は、なによりも、教える側の私たちが、それを面白いと思うかどうか、今一度問うてみるところから授業を構想することを求めているように思う。

2　プロの書き手の引いたレールに沿ってみるストレスを楽しむ学習指導

いわゆる国語科の授業の根幹である教材分析のあり方そのものの問い直しである。が、一方で、教育現場の煩雑さと多様化は増えることはあっても、なかなかに減るものではなく、指導者同士で教材について話し合う時間の確保はきわめてむずかしい。教材全編を詳細に教材分析できれば、それに越したことはない。が、言葉で考える方法を学ぶ経験には、存外、量よりも質のテクストが求められる。書き手の意思が表現の仕方や構造化に端的に見て取れるものの、量としては多くない、そのような部分を見つけ、具体的な学習方法を工夫し、価値づける工夫である。例えば、冒頭部へのこまやかな着眼をうながす精読法や冒頭部と結末部を取り立て関係づけ照応関係から全体を見通す方法等などである。これらも先達によって、すでに詳細に言われてきた。けれども、学習指導の場で徹底されてきたかというと、どうであろう。この意味で、旧くて新しい問いである。

文学的文章教材を例に考えてみよう。例えば、新学習指導要領〔思考力、判断力、表現力等〕「C読むこと」の小学校第三学年及び第四学年には、「イ登場人物の行動や気持ちなどについて、叙述を基に捉えること。」「エ登場人物の気持ちの変化や性質、情景について、場面の移り変わりと結び付けて具体的に想像すること。」とある。中学校第一学年には、「イ場面の展開や登場人物の相互関係、心情の変化などについて、描写を基に捉えること。」と発展的に連動する。では、国語科の授業として、登場人物を読むとは、どのような学習経験であろうか。具体的な教材に沿ってみよう。

小学校三年生の物語教材「サーカスのライオン」（東京書籍）では、夜更けに火事を知り、主人公のライオンがみずから檻を壊し、チョコレートを毎晩のようにもって訪ねてくれた男の子の家の方角に向かってすっとんでいく。これ以降、男の子の救出の場面には、ライオンの心情表現はなく、端的に行動が連鎖するなか、一言の会話表現と吠え声があるばかりである。この救出劇における主人公の思いを話し合う授業を何度か拝見したことがある。いずれも、児童は、想像力を駆使して活発に言葉を交わしていた。もしそこで、指導者が物語の冒頭を思い起こすよう「言葉による見方・考え方」の一方法を提言したとしたら、児童の物語読解の質は、それまでと変わらないものだろうか。

作家川村たかしは、冒頭段落で、まず久しぶりに回ってきた町外れのサーカス小屋のありようを読み手に提示する。ライオンは、他の動物や出し物の一つとして提示され、なにより久々ゆえに多くの見物客の賑わいを印象付ける。続く第二段落では、比喩表現をともなって、寒風にさらされるサーカス小屋が視覚的に立体的に提示される。こうして最初の二つの段落で、サーカス小屋の屋内と屋外の空間設定、見物客のいる昼間の時間帯とショーが捌けた夜という二様の対表現を用いて、物語の基本舞台を相補的に設定する。先の心情を問うた主人公のライオンが登場するのは、それに続く第三段落である。読み手は、作家が選び設えたこの順序性に沿って、一つひとつ作家の言葉に出会いながら、心のうちに、自分の読みを築き上げていく。言い換えれば、このようなサーカス小屋や寒風と無関係には、主人公じんざは造型されてはいないということである。ともすると、多くの児童が読み飛ばしがちな冒頭の状況設定と人物造型の不可分なかかわりに気づくことは、プロの書き手の力を借りて、「言葉による見方・考え方」を経験することに他ならない。教材分析を行った指導者の専門的力量ゆえに可能となる貴重な学習経験である。

　中学一年生の「空中ブランコ乗りのキキ」（三省堂）も、観客に見られる存在として価値づけられたパフォーマーが主人公である。先のライオンを、「サーカスの」という修飾辞から無関係には読めないように、キキも、空中ブランコ乗りという職業プロゆえの悲劇として貫かれる。冒頭文はといえば、最上級表現を伴う強調構文である。しかも、人気という他者評価の強調から物語が開かれる。作家別役実は、キキという人物には、なんであれ自らのパフォーマンスを自らが認め、価値づけるというプロたる者の内省を身に付ける機会を与えようとはしない。きわめて皮肉な冒頭文を、読み手にさらりと提示する。物語が最高峰から始まると、その地位から転落するか、質の違う領域へと転生するか、どちらにしても、なんらかの変化が内包されるものである。この変化の予兆をなんとはなしに感じながら、読み手は作家の言語に沿って読み進む。具体的には、冒頭、「その」サーカスで、と言い放つ語り手について展開を追わざるを得ない。それだけに、最後、白い大きな鳥が鳴きながら飛んでいったと伝聞で語り、町の人々の噂を端的に提示して結ぶに至って、読み手は、語り手であっても語りつくすことのできない何ものかとの折り合いを、読み手自身のことばでつけることになる。プロの作家が用意した言葉で考える方法の学びは、冒頭文から十二分に孕まれている。

　中学二年生の「サーカスの馬」（学校図書）も同様である。この教材の場合、題名の「サーカス」も「馬」も、語り手「僕」の内で、価値の大転倒を経験することとなる。普通名詞の作用力とでも言おうか。それだけに、冒頭の神社や担任の先生の固有名詞表現が対比をなして、読み手は、一人称ならではの恣意性を存分に楽しむことになる。題名や冒頭部をすこし丁寧に精読する機会をもつことは、プロの作家の文学言語に寄り添った「言葉による見方・考え方」の経験に他ならない。

このように、言葉による見方・考え方、すなわち、ある観点に立って想をめぐらす方法を習得するのであるから、やはり「言葉」の拠って立つところに寄り添うことが第一歩となる。学習対象に表現されたとおりに、書き手の引いたレールに乗ってみせる、沿ってみせることで、育まれる言葉で考える方法の学びである。けっして新しいことではない。が、どれほどの国語科の授業で、この言い古されたハードルを下げた部分的精読法が構想されてきただろう。プロの書き手の引いたレールは、諄々と直線を描くばかりではない。学年、学校種が上がれば、時に錯綜し、いつの間にか解きほどかれ、思わぬところに連れていく輻輳するレールである。そのレールに、指導者がまずは乗ってみせ、その楽しさを学習者に語るのも、成熟した読者の役目かもしれない。学習者は、個々の読書年齢（それまでの読書経験によって培われた受容軸）に沿い、自由に読みたいところ、心にひっかかったところをつなぎ合わせていく。ある意味でストレスな読みの営みには、指導者は無縁でいいように思う。自由読書の楽しさである。

一方、国語科の授業で、指導者とともに経験する読みは、ときにストレスフルである。学習者実態を踏まえ、学習指導要領で目指される到達点を鑑み、あえてストレスフルな読みの場を経験させる。書き手という他者が意味を紡ぎ出すために必須として選びぬいたレールに乗ってみることによって生まれる、ごく当然のストレスである。考え方や見方が異なれば異なるほど、共感できない、わからないという思いを抱く。それでも、プロの引いたレールに乗ってみせる力のはぐくみを、国語科の指導者は大切にしてきたはずである。他者のものの見方・考え方に乗じてみせる。受け入れがたいものであろうが、共感できるものであろうが、プロの創り手のレールに乗ってみなければ、その違和感も共鳴も経験できない。幸い、文学的文章であれ、説明的文章であれ、教科書を綴じれば、書き手という他者の価値観から解き放たれ、じっくりと自分の中で時間をかけて醸成させていけばいい。実社会の他者と真向かうための学びの経験でもある。

3　批判的読みの経験と創造的表現体験を対にした学びの経験がひらく可能性

プロの書き手の言葉に寄りそう読みの経験は、おそらく、どのように有効な角度をもった学習課題であっても、指導者の助力をもってしても、なかなかに難しいものである。寄りそう箇所をどこに絞り込むか、指導者にとって醍醐味であり、同時に頭の痛いところだからだ。その解決策というわけではないが、読みの経験は表現によって補完されるという考え方を、これまで以上に積極的に取り入れてはどうだろう。これもけっして新しい発想ではないが、プロの書き手に学ぶ「言葉による見方・考え方」という意味で、新たな価値づけができるように思う。

学習者の今日的言語環境を思うと、複数のモードがかかわりあって意味を作り成すマルチモーダルなテクストの活用にも目を向けてみるのはどうか。イギリスの国語教育学会に相当する研究組織ＵＫＬＡ（United Kingdom Literacy Association）が行った研究調査プロジェクトの報告書 *Planning for Innovation in English Teaching*（2010）に、わが国の中学二年生に相当する学習者を対象としたグラフィック・ノベル *The Arrival*（Shaun Tan. Arthur A. Levine Books, 2006／『アライバル』河出書房新社（二〇一一））を用いた授業実践研究が報告されている。

家族を残し、ひとり未知の国へ移民した男性が、未知のことごとを先住者から学び、かれらの過去の闇をも共有しながら徐々に生活を築き、家族を呼び寄せる物語が、コマ割り手法を用いた文字なし絵本の形態で語り出される。結末は家族再会の大団円では収まらず、幼い娘が偶然道であった新しい移住者の少女に道を教える姿が一頁全面にフルショットで描かれて終わる開かれた結末である。

作者タンは、この作品にこめられた帰属意識について、次のように述べている。

> 『アライバル』の創作に取り組んでいた長い年月のあいだに、僕はあることを何度も考えた—本当の意味というのは、名前やラベルからでも、物体そのものや行為自体からでもなく、何らかの個人的な記憶や、それに対して僕たちが抱くイメージや感情から生まれるのではないだろうか。長年慣れ親しんで違和感が無くな

ると、そうした感情はやがて、詳しい説明の必要性を消し去るほど強くなる。それ自体が真実に、つまり、創られた現実になるのだ。もしかしたら、これこそが―その土地を知ったり理解したり、そこに適応したりする必要性を超越した―〝帰属意識〟なのかもしれない。言い換えれば、本質的に謎に満ちた世界に心からの愛情と真の意味を感じること、なのだろう。[2]

ニコラエヴァ&スコットは、「絵本がほかに類をみない芸術としてきわだっているのは〝絵〟と〝ことば〟という二つの異なる種類のコミュニケーション方法が組み合わさってできていることによる。」と述べ、異なる「記号体系」のアンサンブルに、その特質の所以を説く[3]。『アライバル』は、そのアンサンブルからあえて逸脱し、コマ割りの連続性、反復、画像内容にみる対比性や面積比やカメラワーク(アップかルーズか)による物理的対比性等を組合わせ、饒舌な語りを創出する一編である。

図は、第I章の冒頭二葉の見開きの概略図である。冒頭頁に設定された九コマはレイアウトともども、各章に幾度となく同一もしくは類似反復される基本表現法である。A(男が折った折り紙の鳥)B(置時計)C(壁に掛けられた男の帽子)D(鍋)E(家族を描いた娘の絵)F(ひびの入ったティーポット)G(口のかけたカップ)H(旅行鞄)I(家族三人の画像)が居並ぶ。Iは、次の頁I′で写真立ての中の写真とわかる。次には写真立てに人の手が伸びる。①から⑥は写真立てを丁寧に包み、鞄にしまい蓋を閉める手元のアップが連写される。(7)でその手の上に、もう一人の小柄な手が重ねられる。カメラは一気にぐんと引き、次頁には、荷造りをする男の手の上に妻の手が添えられた刹那をルーズで活写する。先のAからHの小道具は、焼き窯の上の棚に、壁に、食卓の上に、それぞ

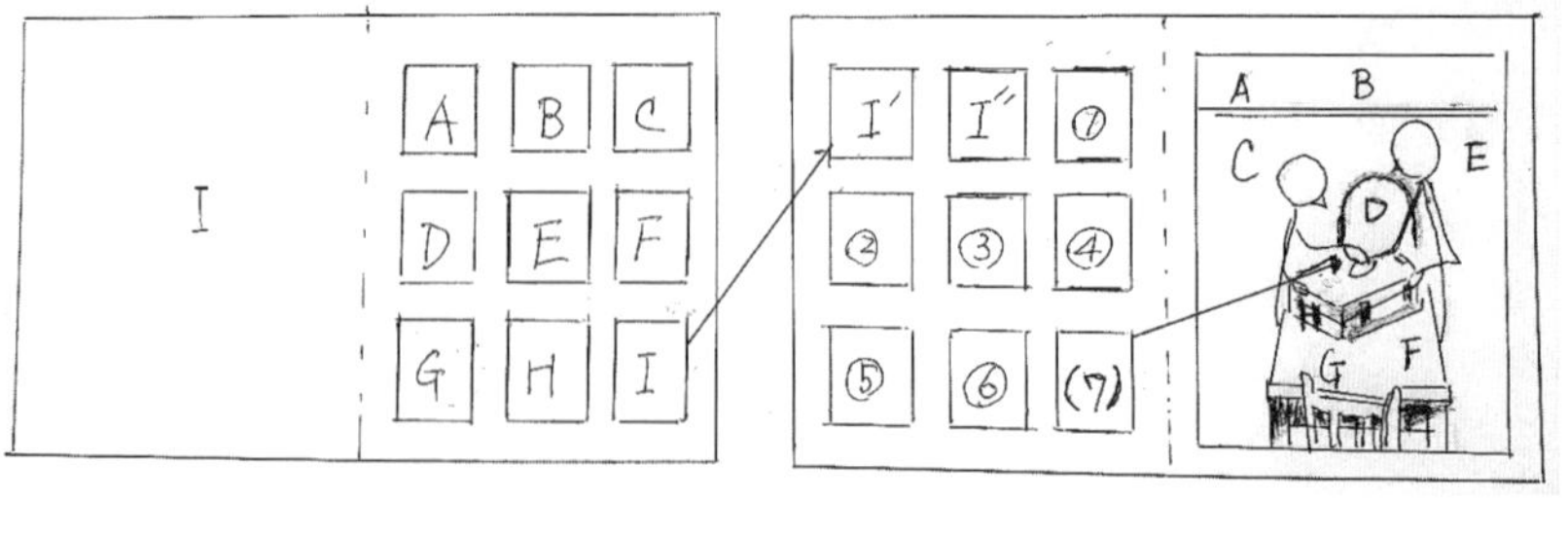

れ収まっている。冒頭頁の点景が、一つの時空間に収まるこの謎解きのような語りの手法は、微妙に形を変えながら、作品中幾度となく繰り返される定型の一つである。

最終章Ⅵ章の冒頭頁には、生活の道具類が先の冒頭頁と全く同じ順序性で居並ぶ。新しく揃えられた生活用品が、移住生活の安定の兆しを代弁する。ただ、壁の帽子だけが、出国の時と少しも変わらない。可変と不変、反復がゆえに見える差異。描画という異なるモードではあるが、言語表現と同様の語りの手法が働いていることに、学習者は気づかされていく。

中学二年生対象の国語科の授業では、気づいただけに止まらず、分析的な読みを、創作活動を通して補完し、原作の読みを内省するよう意図されていた。例えば、船室の窓から見える室内画像を九種類、描画、コラージュで一頁にレイアウトする等、絵本作家と同じ手法でビジュアルアートに取り組む。出来上がりの成否ではなく、窓というフレームから見えるものを創作することは、見えないものを思い描くことになるという、作家タンが仕掛けた読み手への作用を、表現者として体感することが意図されている。

さらには、反復と対比の表現法を取り出し、効果を話し合い、絵本に描き出される状況の変化や推移を描写文で語りなおす。発展的には、グラフィック・ノベルの重ね読みと読書記録の作成、自分のグラフィック・ノベルの作成、絵本の語りの手法を真似て後日談を作成する等、作家と作品に出会いなおす諸活動が用意されていた。

私たちはすでに、上五や下五を借りて、俳句を創作するといった学習指導の試みを重ねてきた。プロの表現手法を借用した表現者体験は、言語／映像表現の枠を越え、省察型の読みの助走となり、プロの創作者が駆使した言葉で考える方法を体感するまたとない機会ではないか。

注

（1）『小学校学習指導要領（平成29年告示）解説　国語編』及び同『中学校』、ともに一二頁
（2）ショーン・タン（二〇一四）『見知らぬ国のスケッチ』河出書房、四八頁
（3）M・ニコラエヴァ&C・スコット（二〇一一）『絵本の力学』玉川大学出版部、七頁

4 複数テクストの関係を捉える学び
――「単元を貫く言語活動」ブームから「言葉による見方・考え方」へ

中村 哲也（岐阜聖徳学園大学）

1 「言語活動の充実」から「言葉による見方・考え方」へ――「単貫」ブームの後に

「言葉による見方・考え方」という発想が、国語科の「教科の本質」として、あるいは「国語科の教科特性を本質から規定する概念」（児玉忠「国語科における「言葉による見方・考え方」」『平成二九年度学習指導要領改訂のポイント』明治図書、二〇一七、一九頁）として打ち出されてきた背景について、「教育課程企画特別部会」の審議等を詳しく検討する必要があると思われるが、本稿では、新学習指導要領の告示以前の数年間、国語教育の実践現場に普及したひとつの「ブーム」、すなわち「単元を貫く言語活動」について取り上げたい。

この問題の経緯はおよそ次の通りである（拙稿「「学び」を意味づけ、文脈化し、筋立てる」『国語授業の改革17』学文社、二〇一七年、参照）。

前回（二〇〇八年）の学習指導要領において「言語活動の充実」が求められたことを受け、二〇一〇年代前半以降、国語教育の現場では燎原の火のごとく「言語活動」ブームともいえる現象が生じた。これが「単元を貫く言語活動」（略称「単貫《たんつら》」）である。これは、文科省教科調査官（当時）の水戸部修治が提唱したもので、「並行読書」「入れ子構造」「ABワンセット方式」など、単元プランの中に様々な「言語活動」が導入された。実際、これらは、「言語活動の充実」をどう進めていくかに腐心する学校現場にとって、具体的で分かりやすく、取り入れやすい格好の実践例だった。

ところが、二〇一五年十一月、文科省は、全国指導主事連絡協議会において、今後、「各教育委員会等に指導・助言する際には、『単元を貫く言語活動』という用語及びそれに関連した『入れ子構造』『ABワンセット方式』等の用語を使用しない」との方針を出したのである。したがって、全国の教育委員会は「特定の手法に、各学校の授業が偏重することがないよう説明に留意すること」が求められることとなった。

明らかに文科省としては「行き過ぎがあったこと」を認め、「このため、文部科学省が「単元を貫く言語活動を位置付けた授業づくり」などの特定の実践事例に偏った発信《ママ》することは、各学校における教青課程編成の自由度と創造性を狭めることにつながりかねないのではないかとの懸念もあり、このような懸念を生じさせてしまったことを率直に反省する」という見解を発表する異例の事態となった。

まさに文科省自らが、過熱した「単貫」ブームにブレーキをかける事態となったが、この背景には、現場からの問い合わせや不満、混乱が少なからず存在したことを物語っており、と同時に、やはり活動主義の問題、つまり「活動あって学習なし」という事態に頭を痛める教員たちが数多くいたことが察せられる。

こうした過熱し、手段のための手段に陥った「言語活動の充実」に対する反省を踏まえながら、それを防ぐ有効な手立てのひとつとして考案されたのが、「言葉による見方・考え方」という概念だったと私は考える。これによって、活動主義に傾きがちな「言語活動」は、焦点の定まらない不安定なものから脱却し、〈ひとつの明確な方向性をもった〈「言葉による見方・考え方」を働かせる言語活動〉、さらには〈「主体的・対話的で深い学び」に直結する言語活動〉となるのである。高木展郎の次のような見解は、この間の推移をほぼ正確に言い表しているであろう。

> 国語科の特質は、常に言葉を対象としていることである。その言葉を対象化し意識し自覚することにより、言語に対する認識を広げ深め高め、その質をより良くするために「言葉による見方・考え方」が、これまで以上に重要となる。
>
> これまでも国語科の授業においては、言葉の教育を

重視してきている。国語の授業が単に活動を目的とするのではなく、言語能力の育成を行うものであることを、改めて確認したい。(『教育科学国語教育』明治図書、二〇一八年二月号、一一頁)

そこで、今回改訂された学習指導要領(小学校)を見てみよう。国語科の目標の前半部分には、「言葉による見方・考え方を働かせ、言語活動を通して、国語で正確に理解し適切に表現する資質・能力」を育成するとあり、つねに「言葉による見方・考え方」を働かせて言語活動を行うことが明記されている。

また、『小学校学習指導要領　解説国語編』では、次のように説明されている。

言葉による見方・考え方を働かせるとは、児童が学習の中で、対象と言葉、言葉と言葉との関係を、言葉の意味、働き、使い方等に着目して捉えたり問い直したりして、言葉への自覚を高めることであると考えられる。

新学習指導要領では、このように、はっきりと「言葉による見方・考え方」を通して国語科における言語活動が方向付けられている。

言語教育への転換として大きく舵を切ったのが昭和五二年版学習指導要領と言われるが、それ以来四〇年を経て、「言葉による見方・考え方」という教科の特性・固有性が今回一層鮮明になったとも考えられる。とくに、今回の改訂では、従来からの〔言語事項〕(前回では〔伝統的な言語文化と国語の特質に関する事項〕)が、「知識及び技能」となって筆頭事項に位置付けられ、内容的に厚みを増したことは注目に値する。

2　「言葉による見方・考え方」をどう捉えるか―説明的文章教材の指導過程を中心に

では、こうした新学習指導要領の内容を踏まえ、「言葉による見方・考え方」をどのように捉えればいいのか。また、どのような授業、言語活動が考えられるのか。この点について私なりに以下a～dの四項目を取り上げて考えたいと思う。

a　概念としての言葉(概念学習)

b　ロジックとレトリック（論理と修辞）

c　言葉と言葉の関係（テキスト・言説・情報）

d　複数の「テクスト」を関係付け、構造化する読み

a　概念としての言葉（概念学習）

様々な事象、物事を私たちは分類し、区別している。「分ける」「まとめる」「関係付ける」という概念的思考は、ある意味で、私たち人間の生活・社会・文化の基盤をなしている。こうした概念の働きは、いうまでもなく言葉、語彙と密接に連関しており、「言葉による見方・考え方」をはたらかせる国語教育としては、言葉の学習としての「概念学習」をしっかりと位置付けていかねばならない。

この方面で見ていくと、たとえば、次のような「読み」の授業研究会」が提起した指導過程にはっきりと概念学習への可能性を見ることができる（「読み」の授業研究会編『国語力をつける説明文・論説文の「読み」の授業』明治図書、二〇一六年、六五頁）。

子どもたちが一年生の最初に出会う説明文「くちばし」（光村図書・小一）、あるいはこれに続く「みいつけた」や、「じどう車くらべ」「どうぶつの赤ちゃん」、二年生の「おにごっこ」（光村図書・小二）や三年生の「すがたを変える大豆」の「説明の順序」について、教師が授業の中で子どもたちに考えさせ吟味させる授業がある。

「1きつつきのくちばし　2おうむのくちばし　3はちどりのくちばし」（「くちばし」）

「1だんごむし　2せみ　3ばった」（「みいつけた」）

「1バスやじょうよう車　2トラック　3クレーン車」（「じどう車くらべ」）

これらの順序について教師が発問した場合、「1だんごむし　2せみ　3ばった」という順序は、「みつけやすさ」の順ではないのか。「1バスやじょうよう車　2トラック　3クレーン車」の順番は、一般の人が使うものから特殊な仕事に使うものへの順番ではないか、など、こうした題材の並べ方＝順序を吟味よみとして問うことは、この順序によってなぜ分かりやすいのか、その「順序性の意味」を子どもたちに考えさせることになる。このことは、子どもの思考力を刺激し、さらに、説明的文章教材の中に出てくる対象を「概念」的に分類する思考の働き、いわゆる「概念的思考」を促すものとなる。

また、「どうぶつの赤ちゃん」では、「どうぶつ」という上位概念と「ライオン」「しまうま」という下位概念だけでなく、ライオンが「えもの」を捕まえ、「しまうま」が「草」を食べるという文言によって、両者の上位概念としての「肉食動物」「草食動物」の種差が明確となるような仕組みをつくっている。

このような概念の性質や、相互関係に留意した指導を心掛けることが、論理的思考力を養うための基礎・基本を形成する上で有効なのである。

b　ロジックとレトリック（論理と修辞）

「読み研」が開拓してきた説明的文章の指導過程あるいは「批判読み＝クリティカル・リーディング」の方略においては、論証（証明）、実証、検証、推論（演繹、帰納、アブダクション）といった論理的思考（力）のはたらきとのかかわりが不可欠とされている。この点は、新学習指導要領への対応として重要であると私は思う。いわば、ロジックに基づく「思考力、判断力、表現力」が問われてくるのである。しかも、論者の主張や仮説に妥当性だけでなく、さらなる説得性を付加する際には、論理＝ロジックに加えて、「レトリック（弁論術、修辞学）」のはたらきを無視することはできない（小田迪夫『説明文教材の授業改革論』明治図書、一九八六年）。とくに説明的文章を読む際、「ロジック」と「レトリック」の錯認、あるいはそれらの「すり替え」の問題に対しても見過ごせないものがある。「論理学的（ロジック）思考と修辞学的（レトリック）思考」の関係性・異同について厳密に検討することがまさに「言葉による見方・考え方」に通じてくる。

阿部昇は、説明的文章における「論説型」について、「社会のなかでまだ見解が定まっていないこと、研究・学問分野で定説とはなっていない「仮説」を、多くの人たちに説得的に論証しつつ述べていった文章である」（『あたらしい国語科指導法　五訂版』学文社、二〇一八、五六頁）（傍線中村）と定義したが、この傍線の部分は、単なる論理的な論証だけでなく、社会通念や規範、常識あるいは暗黙知に踏み込んだ表現の持つ説得性、つまり「レトリック」にもかかわってもいると読み取ることができる（その意味で、「定説」もまた、その時代や社会において真であると認められている「仮説」なのである）。

論説型の説明的文章「生き物は円柱形」（本川達雄、光村・小五）を取り上げてみよう。

この教材では、英語の構文で知られる「譲歩構文」（「もちろん〜　でも…」（四段落、五段落）が出てくる。筆者（本川）が「反証」（仮説にとって不利な証拠）を先取りしているところで、この教材の展開を特徴づけている「要」であり、必ず授業で重点的に取り上げられる箇所である。前もって反論を想定し、自説に不利となる証拠をも取り上げて、書き手の独善性が避けられており、まさに、レトリック（修辞）という説得のための言語技術が説明的文章の中で使われている典型的な文章である。筆者は、「チョウの羽」や「木の葉」という予想される反論、つまり「生き物は円柱形」という仮説にとって「不利になる証拠」「否定的事実」を提示する。がしかし、それが依然として仮説を否定するための十分な証拠なのかどうかが、五段落で論じられる。筆者は、「広い羽をのぞけば、」という言い方で、「例外」としてそれを扱い、「チョウも円柱形の集まりだ。胴体は円柱形、しょっかくもあしも細い円柱形である」と述べ、主要な部分・本体は円柱形であることを強調する。このことは、「例外」が例外として成り立つ妥当性・正当性あるいは説得性、その理由・根拠についてテーマ化することにもなり、また、その背後にある「社会通念・規範」「常識」「暗黙知」などとのかかわりへの配慮が読みの上で必要となってくる。

c　言葉と言葉の関係（テクスト・言説・情報）

先述したように、『小学校学習指導要領　解説国語編』では、「言葉による見方・考え方を働かせるとは、児童が学習の中で、対象と言葉、言葉と言葉との関係を、言葉の意味、働き、使い方等に着目して捉えたり問い直したりして、言葉への自覚を高めることであると考えられる」とある。これを、「中教審答申別紙2―1」（平成二三年一二月二一日）における次の文言「テクスト（情報）を理解したり、文章や発話により表現したりするための力として、情報を多面的・多角的に精査し構造化する力、言葉によって感じたり想像したりする力、感情や想像を言葉にする力、言葉を通じて伝え合う力、構成・表現形式を評価する力、考えを形成し深める力が挙げられる」と照らし合わせたとき、右の私が付した傍線部分と関連し合うのである。たとえば「言葉と言葉の関係」の「言葉」に、「テクスト」「言説」「情報」という言葉をいれてみると、「情報を多面的・多角的に精査し構造化する力」は、言葉（論理と修辞）相互の関係性を読み取る力として捉え直すことができる。ちなみに、「テクスト」という語句について、先の「別紙2―1」では注が付され、「本審議のまとめにおいては、文章、及び、文章になっていない断片的な言葉、言葉が含まれる図表などの文章以外の情報も含めて「テクスト（情報）」と記載する」と説明されている。ここでは、テクストをかなり多義的にかつ柔軟に捉えていることが理解できる。ことに、「文章になっていない断片的な言葉」を取り上げている点は、「ディスコース」「ディスクール」（言説、ものの言い方）をもテクストに含めていると考えることができる。

「言説と言説の関係」「情報と情報の関係」をどう把握するかを捉える技法として、注目されてきたものに「コンセプト・マップ」「意味マップ」「KJ法」などの「概念地図法」がある。たとえば、今日、学校現場等でもおなじみとなった「KJ法」は、次のようなプロセスを持っている。まず、言説（情報）をカード化して、類似のカードを集め、それらをカテゴリー化（メタ概念化・メタ情報化）し、さらに、それらの「メタ概念・メタ情報」を「因果関係」「対立関係」「相関関係」という三つの論理的関係で関連付けながら、「図解」し、そして、これをもとに文章作成や口頭発表（ストーリーテリング）を行っていく。仲間とワイワイ議論しながら協同して言説（情報）を読み取り、比べ、分類し、さらに「メタ情報」を関係づけ、発表していく「情報生産」の一連の作業は、紛れもなく「主体的・対話的で深い学び」（アクティブ・ラーニング）にほかならない。

マップピングや図解は今日では、当たり前のように、国語教科書等に掲載され、普及し、近年では、図表やマップなどの「シンキング・ツール」のワークシートが国語の授業で使われているのをしばしば目にするようにもなった（拙稿「創造的発想法としての「メモ」「マッピング」の効用」（『月刊国語教育』一九九九年九月、二二三号参照）。知識基盤社会といわれる現代の中で、複雑化し、錯綜した情報や言葉の混沌に挑み、そこから生きる見通しや方向性を見つけ出し、それを表現に変えて、人々と分かち合う「情報生産者」を育てること――これが、学びの文脈を本物にする「オーセンティックな教育」「社会に開かれたカリキュラム」の精髄であると私は考える(上野千鶴子『情報生産者になる』(ちくま新書、二〇一八)参照。この本の中で上野は、自身の院生時代から「使い倒してきた」という「KJ法」を取り上げ、多くの紙幅を割き、熱く説いている。情報が氾濫し、複雑怪奇に概念群が入り組む現代社会のただ中で、上野のいう「情報生産者」は具体的なコンピテンシー・モデルのひとつとして示唆するものがある)。

d　複数の「テクスト」を関係付け、構造化する読み

これまで私は、学習指導要領の変遷について触れた中で、「入試問題」が「影の学習指導要領」であり続けてきたことを折々指摘してきた。しかし、この「影の学習指導要領」にも、「大きな改革のメスが入れられるようになった」のである。大学入試センター試験が廃止され、二〇二〇年度から新しく「大学入学共通テスト」に移行し、文科省は国語と数学に記述式問題を導入する方針となったからである。これは、まちがいなく国語科教育に大きな影響を及ぼすことになるだろう。学習指導要領の改訂に加えて、「入試問題」の改変にも、国語科教育は、十分な配慮が求められている(前掲『あたらしい国語科指導法　五訂版』二九〜三〇頁)。

「大学入学共通テスト」の「プレテスト」は、二〇一七年と二〇一八年の二回行われて、とくに国語のモデル問題は大きな反響を巻き起こした。これについては、手厳しく批判する論者もおり、今後の動向を注視していく必要があるが、その徹底的な変化を私なりに述べれば、従来のPISAに対応した「非連続型テキスト」に止まらず、これまで以上に、〈複数のテクストを比較し、関係づけ、構造化する読み〉が求められていることである。この複数のテクストはまた、けっして同質の言葉ではない。たとえば、契約書、定款、会話文、行政文書、パンフレット、文学、評論などなど、多種多様な言葉の形態・質をもったテクストの関係付け、構造化が必要となるのである。

こうした多様なテクスト(「他者の言葉」)に対する注意深い感受性、言語感覚のあり方を育成することこそ、これからの国語教育に課せられている新たな研究テーマではないかと私は思う。

5 「見方・考え方」をどうとらえるか
――ポスト「現代化」の教科教育論に向けて

石井 英真（京都大学）

1 「見方・考え方」をめぐる課題

新学習指導要領では、世界的に展開するコンピテンシー・ベースのカリキュラム改革を背景に、「資質・能力」の育成や「主体的・対話的で深い学び」としてのアクティブ・ラーニング（AL）が強調されている。コンピテンシー・ベースやALの強調については、汎用的スキルの一人歩きによる形式主義とALの手法化による活動主義・技術主義が危惧された。これに対して、内容に即して思考力や知的態度を統合的に育成すべく、資質・能力は三つの柱で捉えられ、教科の学びとして中身のある活動や話し合いになっているかどうかを問うものとして、「深い学び」の必要性が提起された。さらに、教科としての学びの質や深さを担保する視点として、また教科の特性を尊重しつつ能力の汎用性につなげる視点として、「見方・考え方」概念が提起されることとなった。

だが、「見方・考え方」への着目については、各教科や教科内の各分野がそれぞれの特性や専門性を強調しすぎるあまりに、教科・分野間の対話や、人間教育や総合知という観点からの教科教育の問い直しへの道が閉ざされることになってはいないだろうか。逆に、各教科の専門知を強調する一方で、能力の汎用性にもつなげようとして、「比較・関連づけ・総合する」といった一般的な学び方として「見方・考え方」を捉え、スキル訓練による教科学習の形式化や心理主義化に陥ってはいないだろうか。

こうした状況は、一九六〇年代から一九七〇年代に展開し、学問中心カリキュラムをめざした「教科内容の現代化」（以下、「現代化」）運動、特に米国のブルーナー（J. S. Bruner）理論などの影響を受けたそれ（上からの現代化）を想起させる。一九六八年版学習指導要領をはじめ、各教科で内容の専門化や高度化が進行した一方で、数学科の「数学的考え方」、理科の「探究の科学」「科学の方法」、社会科の「概念的知識」をはじめ、教科固有の思考（方法）や態度や人間性に関わる目標概念の概念化や洗練が進み、その態度主義的傾向が指摘された。

　こうした学問中心主義と心理主義との接合を問い直し、科学的認識の形成と民主的人格の形成とを内在的に結合しようとする試みも、日本の民間教育研究団体を中心とした「科学と教育の結合」、「科学と生活の結合」をめざした理論と実践（下からの現代化）の中で展開されてきた。また、米国の学問中心カリキュラムも、その影響を受けた日本の教科教育研究も、学びの社会的・個人的意義（レリバンス）の観点から問い直された。たとえば、「真正の評価」や「逆向き設計」論などで知られるウィギンズ（G. Wiggins）の理論は、かつてのブルーナー理論を継承しつつ、それを問い直す視点も提起している。そして、ウィギンズ理論やレリバンスを意識した国内外の教科教育研究の知見は、新学習指導要領の「見方・考え方」概念の理論的背景にもなっている。

　「見方・考え方」概念がもたらす問題点を是正し、教科の本質を追求するからこそ実現できる、生き方に響く真の意味で「深い学び」を構想する上で、これまでの国内外の教科教育研究の蓄積を総合して、ポスト「現代化」の教科教育論を展望することが求められる。本稿では、そうしたポスト「現代化」の教科教育論の一つの提案として、「教科する」授業という授業づくりのヴィジョンを位置づけ、「見方・考え方」の生かし方を提起したい。

2　「真正の学習」としての「教科する」授業とは

　コンピテンシー・ベースや資質・能力ベースのカリキュラムが叫ばれる背景には、社会（産業界のみならず市民社会も含む）が求める「実力」、あるいは、現代社会において人間らしく「よりよくあること・よりよく生きること（well-being）」との関係で、学校の役割や学校で育てる「学力」の中身が問い直されている、という構造的な問題がある。目の前の子どもたちが学校外での生活や未来社会をよりよく生きていくこととのつながりという観点から、各教科の存立基盤が問われ、既存の内容や活動を見直していくことが、いわば、「真正の学習（authentic learning）」（学校外や将来の生活で遭遇する本物の、あるいは本物のエッセンスを保持した活動）の保障が求められている。個別の知識・技能を習得している「知っている・できる」レベルの学力（例：その代名詞がだれを指しているかを答えられる）や、概念の意味を理解している「わかる」レベルの学力（例：登場人物の心情をテクストの記述から想像できる）のみならず、実生活・実社会の文脈において知識・技能を総合的に活用できる「使える」レベルの学力（例：自分の好きな物語の魅力を図書館の利用者に伝えるために紹介文を書く）の育成が求められているのである（学力の三層構造）。

学校教育の強みは「回り道」（知識を系統的に学ぶことなどにより、日常生活を送るだけでは生じない認識の飛躍を実現する）にあるが、生活（生きること）への「もどり」がないために、学校の中でしか通用しない学びになってしまってはいないか。「受験のため」という名目で学校内外において展開されている知的学習は、学問や文化を遊ばず、味わわずに、それらを「筋トレ」や選別の道具にしてしまってはいないだろうか。たとえば、美味しい料理を味わわずに、早食い大食いを強いられているうちに、それが自己目的化してしまうように。思考の体力づくりは大事だが、筋トレのための筋トレは、学校の中でしか生きて働かない学力となり、また、大学や社会でホンモノ（真正（authentic））の学問や科学や文化と出会った時に、それを勉強の対象や「物知り競争」の道具としか見れなくて、味わったり、考え抜いたりすることができず、子どもたちの成長の伸び代をつぶすことになりかねない。さらには、必ずしも正解がなく、複雑で割り切れない現実世界や社会への関心を子どもたちから奪ってしまってはいないだろうか。学ぶ意義も感じられず、教科の本質的な楽しさにも触れられないまま、多くの子どもが、教科やその背後にある世界や文化への興味を失い、学校学習に背を向けていっている。これに対して、「真正の学習」の追求は、目の前の子どもたちの有意義な学びへの要求に応えるものである。

ただし、有意義な学びの重視は、教科における実用や応用の重視とイコールではない。教科の知識・技能が日常生活で活きることを実感することのみならず、知的な発見や創造の面白さにふれることも、知が生み出される現場の人間臭い活動のリアルを経験するものであるならば、それは学び手の視野や世界観（生き方の幅）を広げゆさぶり豊かにするような「真正の学習」となるだろう。

よって、教科における「真正の学習」の追求は、「教科の内容を学ぶ（learn about a subject）」授業と対比されるところの、「教科する（do a subject）」授業（知識・技能が実生活で生かされている場面や、その領域の専門家が知を探究する過程を追体験し、「教科の本質」をともに「深め合う」授業）を創造することと理解すべきだろう。そして、「教科する」授業は、教科の本質的かつ一番おいしい部分を子どもたちに保障していくことをめざした、教科学習（学問・芸術・文化の営み）本来の魅力や可能性、特にこれまでの教科学習であまり光の当てられてこなかったそれ（教科内容の眼鏡としての意味、教科の本質的なプロセスの面白さ）の追求でもある。

教科学習としての本質やクオリティの追求というと、この内容を押さえているか、このレベルまで到達させているかといった具合に、内容面からの議論に視野が限定されがちである。しかし、教科学習の本来的意味は、それを学ぶことで身の回りの世界の見え方やそれに対する関わり方が変わること、いわば眼鏡となることにある。「蒸発」という概念を学ぶことで、水たまりが次の日にはなくなっているという現象のメカニズムが見えてくるし、蒸発しやすくするため衣類を温めてから干すなどの工夫をするようになるといった具合である。

また、教科の魅力は内容だけではなく、むしろそれ以上にプロセスにもある。教材研究の結果明らかになった知見でなく、教材研究のプロセスを子どもたちと共有することで、多くの授業で教師が奪ってしまっている各教科の一番本質的かつ魅力的なプロセスを、子どもたちにゆだねていく。たとえば、教師の間で物語文の解釈をめぐって議論が起きたなら、テキストの該当部分についてその論点を子どもたちとも議論してみる。教科書への掲載にあたって改作された作品について、原文との表現の違いを検討したなら、子どもたちにも比較検討をさせてみるといった具合である。教科のうまみを味わえるここ一番のタイミングでポイントを絞ってグループ学習などを導入していくことで、ALは、ただアクティブであることを超えて「教科する」授業となっていく。

3　ポスト「現代化」の教科教育論への視点

ここで、本稿の冒頭で述べた、ポスト「現代化」の教科教育論の諸知見について、整理しておこう。

まず、ウィギンズの所論（「知識の構造」による知識の精選、「本質的な問い」の入れ子構造、「看破」することを含む真正の学習）は、ブルーナーの「教科の構造」「ラセン型カリキュラム」「発見学習」の提起を発展的に継承するものと言える。しかしそこでは、精選された知識を発見的に学ぶこと（内容と活動の一対一の目的・手段関係）に止まらず、真正の活動において知識やスキルを統合し、活動の質を知性や理解の裏付けのあるものへと高度化していくことが志向されている（活動それ自体の質的高度化に伴って複数の目標が並行して達成される）。

構成主義、社会的構成主義へとベースの認識論が展開する中で、またPISAショックなども契機となって教科のレリバンスを重視する傾向もあり、各教科において、「見方・考え方」概念の問い直しも進行している（例：社会科における概念重視から批判主義とシティズンシップ重視への展開、数学科における「数学的な考え方」（算数・数学を創る活動に閉じがち）から「算数の力」（算数・数学を使う活動を含む）への目標論の拡張、「読み」の授業研究会の言語スキル論における評価的・批判的な読解の重視など）。一時間ごとの授業で、基本的な概念を発見的に豊かに学ばせ、そのプロセスで、知識の意味理解を促す思考も育てるという発想（問題解決型授業）を越えて、単元、あるいは単元横断的なスパンで、社会参画、プロジェクト、デザイン、問題解決、探究といった真正の活動を通して、知識・技能を総合的に活用する思考を保障していく、二層（「わかる」レベルまで）から三層（「使える」レベルも）への学力観の拡張の動きが看取できる。

また、「上からの現代化」とは異なる「下からの現代化」に固有の視点を継承することが重要だろう。前者は、認知形成と情意形成とを二元論的に捉え、科学・文化や生活経験は結びついて理解に至り転移という機能を生み出すことによって、あるいは、それらの外側から価値や態度を持ち込むことによって、思考や活動の形式性に対して教育的価値が付与される。これに対し、後者は、科学・文化それ自体に内在する生活的・人間的側面に教育的価値を見出し、生活と科学の往還（「転移」に解消されない、生活における科学的概念の再審と限界の認識をも含んだ「もどり」）において、科学的「認識」（「理解」に解消されない切実性や立場性の意識化を伴う）の形成から民主的人格の形成を展望する視点を内包している。

さらに、日本における「科学と生活の結合」論の系譜や、米国の「真正の学習」論の一部の論者において、科学・文化の規範性や政治性や権力性の自覚の上に、科学する・学問する経験の真正性を追求するに当たり、教室における権力関係の問い直し（子どもが教師や正解を忖度する関係性を、教師と子どもたちが共に真理を追求し合う民主的関係性へと再構築すること）も主題化されていた。

「教科する」授業では、学力の三層構造を念頭に置きながら、末広がりの単元づくりと最適解創出型（知識構築型）の授業づくりを実践改善の視点として提起している。それらは本質的には、「もどり」の発想と忖度する関係の問い直しを志向することで、子どもたちの内的経験における真正性の実現をめざしている。たとえば、岐阜県海津市の輪中を取り上げて、「治水」という概念を学んだ後、自分たちが住む広島市にも当てはまらないかを、過去と現在の航空写真などを素材にしながら考える小学校の社会科の授業。教師が教材研究で得た結論に向けて発言をつないでいき、放水路に治水事業を確認する展開だと、忖度する関係は問い直されず、「治水」概念の身近な生活への適用（転移）で終わる。これに対し、「もどり」を意識するなら、治水により長らく水害が起きなかったのに、なぜ近年、広島市は災害に見舞われているのかという、子どもたちの足元の問題にまでつなげ、そこで社会科で学んだことを総動員したり、航空写真から読み取れることを考えたり、新たに情報や知識を収集したりしながら、教師もともに問いと向き合い、探究することで、教師や正答を忖度する関係性も再構成されていくだろう。

「本物の活動」のプロセスを「味わう」経験を保障する（体験目標）。その中で、結果として、活動の骨組みとなる「資質・能力」の要素が「育成」される（到達目標）とともに、既知の中に未知が見出され、問いが生まれ、「自己」と自己をとりまく世界との「つながり」の「編み直し」

が促されることで（方向目標）、生活が知的なものへと再構成される。たとえば、香川大学教育学部附属高松中学校の一田幸子教諭による中学3年生の国語の授業。「空」をテーマにそれぞれが自由に俳句を詠み自らの句についての鑑賞文を書いた上で、グループに分かれて句会を開く。メンバーの句について互いに鑑賞文を書き、作者のそれとも比較しながら、一番表現の広がりが感じられる作品を選ぶ。クラスメートそれぞれの感性に触れ、作者の思いと違う解釈が生まれそれに作者自身が感じ入る、そういった俳句の楽しみ方を味わう。その中で、自ずと季語の使い方や表現技法の工夫についても生きて働く形で習熟していき、助詞の使い方一つでもイメージされる情景が変わることの気づきや言葉を丁寧に選ぶ経験は、生徒一人一人の言語生活を豊かにしていく。

4　高次であることと学びの深さ、重さの同時追求へ

新学習指導要領で示された各教科等の「見方・考え方」については、それを正解（遵守すべき型）のように捉えるのではなく、一つの手がかりとして、「教科する」授業というヴィジョンを見据えながら、それぞれの学校や教師がその教科を学ぶ意味について議論し、学びのプロセスに本質を見出す目を磨いていくことが重要である。

「見方・考え方」は、質の高い学びの過程を生み出す手段でありかつその結果でもあるとされている。「見方・考え方」は、学びのプロセスが本質を外していないかどうかを判断する手がかりと考えることができ、その意味で質の高い学びの過程を生み出す手段なのである。各教科等の「見方・考え方」は、レリバンスを意識した教科教育研究の知見もふまえてカテゴリー化されており、また、真正の学習活動の中で知識や能力や態度を統合的に実現するという視点をふまえれば、それは、どの活動を子どもに委ねるかを判断するポイントとして、そのプロセスが自ずと生起する必然性のある課題を設計する留意点として捉えることが肝要だろう。

さらに、「見方・考え方」が質の高い学びの過程の結果であるという点をふまえれば、知識や概念が「見方」として学ばれ、スキルや態度がその人のものの「考え方」や思考の習慣となるような、生き方にまで響く教科の学びが追求されねばならないという、真の意味での学びの深さへの問いが浮かび上がってくる。「見方・考え方」

として示されたプロセスを盛り込んで学習活動を設計することで、「使える」レベルの思考を含む、認知的に高次で複合的な学びをデザインすることはできるかもしれない。しかし、認知的に「高次」であることは、「深い」学びであること、さらには、生き方に響くような切実性をもった「重い」学びであることを意味するわけではない。

たとえば、地元の強みを生かした新しい町おこしのアイデアを考えるような、社会参画を含んだ、一見真正で総合的な課題にただ取り組むだけでは、他人事の問題解決になりがちである。そこでは、高次の複合的な思考過程は試されるかもしれないが、それが必ずしも子どもたちにとって真に自分事であり、世の中を見る目や生き方を肥やしていく学びになるとは限らない。自分たちの提示したアイデアに当事者目線のリアリティや説得力があるのかを吟味したりする中で、本音の部分で将来自分は地域とどのように関わるのかといった問いに直面し、現実の物事に対して無知や無関心であったことが自覚され、自らの立ち位置が問い直されていくといった具合に、足下の具体的な現実世界（生活）と抽象的な学問世界（科学）との間のダイナミックな往復の中で、思考の深化が切実な関心事の広がりや自らの生活世界へのゆさぶりにつながることで、「使える」レベルの学習は、高次さと深さを統一し、言葉や認識に重さが伴うような「真正の学習」になっていくのである。

参考文献

石井英真『中教審「答申」を読み解く』日本標準、二〇一七年。

石井英真「『科学と教育の結合』論と系統学習論―反知性主義への挑戦と真の知育の追求―」田中耕治『戦後日本教育方法論史（上）』ミネルヴァ書房、二〇一七年。

子どものシティズンシップ教育研究会編『社会形成科社会科論』風間書房、二〇一九年。

長崎栄三・滝井章編『算数の力―数学的な考え方を乗り越えて』東洋館出版社、二〇〇七年。

西岡加名恵『教科と総合学習のカリキュラム設計』図書文化、二〇一六年。

「読み」の授業研究会編『国語の授業で「深い学び」をどう実現していくか』学文社、二〇一八年。

「第29回大会報告（課題研究Ⅲ『見方・考え方』をどう捉えるか―資質・能力の育成と教科の本質をつなぐ）」日本カリキュラム学会『カリキュラム研究』第28号、二〇一九年三月。

『東井義雄　子どものつまずきは教師のつまずき』（豊田ひさき 著）

豊田ひさき（朝日大学）

東井義雄は周知のように戦前からの生活綴方教師。彼は、どの教科においても子どもが「不思議だなぁ、なぜだろう」と感じたことを綴らせて、「言葉による見方・考え方」を鍛えた。

例えば、三年生の「手ぶくろを買いに」の冒頭の一行。「ゆうべのうちに、まっ白な雪が、野も山も、うずめていました。」の「話しあい」場面。

○先生、「野も山も」といったら、もっとほかのところもうずめているようです。○ほんとだ、川原のほうも、はたけのほうもどっこもみたいです。○ほんとだ、「野と山と」だったら、それだけみたいだけど、「野も山も」といったら、どっこもみたいだ。○先生、そしてごっつい（大へんな）大雪みたいです。○「大雪」ということは、「うずめて」でもわかります。「野も山も」ほかのところも、どっこもうずめたんだからだいぶ大雪です。○先生、雪はいまやんどるようです。Tなぜ？　○だって、うずめて「いました」と書いてあるもん…。○先生、そんな大雪がひとばんのうちにつもったんです。Tでも、きのうからふりかけていたのが、たくさんつもったのかもわからんよ。○ちがう。「ゆうべのうちに」と書いたるもん。○先生、「まっ白な雪が」というところも、前からつもったんとちがう。降りたてのほやほやみたいだぜ。○この雪がふったんで、手ぶくろを買いにのお話ができたんだと思います。

教師の発言は、傍線の二ヶ所。教師の「なぜ」という問いに対して、「いました」と書いてあると過去形であることをきちんとつかんで発言。「きのうから降りかけていたのが……」という「ゆさぶり」に対しても、「ゆうべのうちに」と「真っ白な雪が」と書いてあると、文中の言葉を挙げて発言。

本書では、「手ぶくろをかいに」の一時間全体の教師と子どもの発言を分析・整理した。もう一つは、「村をささえる橋」の「振り返りノート」を基に、子どもが主体にたぐり寄せながら文を読んでいく東井の指導が「ねうちづけ」と「ゆさぶり」で貫かれ、教師はファシリテーターの役に徹していることを具体的に明らかにした。それが「子どものつまずきは教師のつまずき」という東井の指導哲学。「言葉による見方・考え方」を鍛える授業づくりで、これなら私にもできそう、やってみたいと先生方に「やる気」が出る形で書いてみた。一読を乞う。

（風媒社、二〇一八年、一四〇〇円＋税）

『思考力育成への方略―メタ認知・自己学習・言語論理―〈増補新版〉』（井上尚美 著）

大内　善一（茨城大学名誉教授／元茨城キリスト教大学）

改訂学習指導要領・国語では、「資質・能力」を育成するための前提として「『言葉による見方・考え方』を働かせ」ることが求められている。「資質・能力」は、①「知識・技能」、②「思考力・判断力・表現力等」、③「学びに向かう力・人間性等」の三側面から位置づけられている。

本書では、右の改訂の中心的な課題について本質的な示唆を与えてくれていると判断される。②の「資質・能力」としては、「創造的・論理的思考の側面」、「感性・情緒の側面」、「他者とのコミュニケーションの側面」、「考えの形成・深化」等が取り上げられている。

これらは、③の側面からは、「言葉を通じて、自分のものの見方や考え方を広げ深めようとするとともに、考えを伝え合うことで、集団としての考えを発展・深化させようとする態度」、「言葉を通じて積極的に人や社会と関わり、自己を表現し、他者を理解するなど互いの存在についての理解を深め、尊重しようとする態度」等が位置づけられている。

本書では、これらの「資質・能力」に対応するものとして、「言語と認識・思考」「言語と感情・行動」という観点から本質的な考察が加えられている。

また、「思考力育成を目指す言語論理教育」という章では「創造的思考」や「論理的思考」に対応する考察が行われている。加えて、「言語論理」を学ぶための教材として、教科書各社の様々な教材が紹介されていて参考になろう。さらに、「言語論理教育の具体的な指導内容」として、「語―概念の明確さ」「文―判断の正確さ」「文章―論の筋道の正しさ」「まとめ―批判的な読みのチェックリスト」等が詳しく論じられている。「自問態勢づくり」「自己モニター能力をつける」という提案も「学びに向かう態度」の育成という面から参考になろう。

（明治図書、二〇〇七年、二六〇〇円＋税）

『教科の「深い学び」を実現するパフォーマンス評価――「見方・考え方」をどう育てるか』（西岡加名恵・石井英真 編著）

西岡加名恵（京都大学）

二〇一七年版学習指導要領では、各教科等の「見方・考え方」を鍛えるという方針が示された。今回の改訂に向けた議論において、最初に「見方・考え方」という用語が打ち出されたのは、「育成すべき資質・能力を踏まえた教育目標・内容と評価の在り方に関する検討会」であった。その論点整理（二〇一四年）では、「教科等ならではの見方・考え方など」として、「『エネルギーとは何か。電気とは何か。どのような性質を持っているのか』のような教科等の本質に関わる問いに答えるためのものの見方・考え方」という例示がされている。

この例が示すように、検討会において「見方・考え方」が提唱された背景には、「逆向き設計」論における「本質的な問い」という考え方があった。「逆向き設計」論とは、ウィギンズとマクタイが、『理解をもたらすカリキュラム設計』という著書の中で提案しているカリキュラム設計論である。「逆向き設計」論では、教科における「本質的な問い」に対応させてパフォーマンス課題を用いることによって、「永続的理解」を保障することが目指されている。

本書の著者たちは、二〇〇九年以来、各地の先生方との連携のもと、各教科の「本質的な問い」は何かを探究し、パフォーマンス課題を開発する共同研究に取り組んできた。本書は、その成果をまとめたものである。小・中学校の各教科について、二〇一七年版学習指導要領の変更点を整理するとともに、当該教科の「本質的な問い」と「永続的理解」を提案し、パフォーマンス課題の実践例を紹介している。

国語科（八田幸恵執筆）については、「本質的な問い」として、「話す・聞く／書く／読むとはどういうことか？　よりよく話す・聞く／書く／読むためにはどうすればいいのか？」を提案するとともに、「永続的理解」を「期待されるパフォーマンス」として記述するという方針をとっている。これは、国語科においては、「理解」よりも子どもたちの姿として描く方がわかりやすいという先生方からの声を反映させたものである。

評価というと、学校現場では成績づけというイメージが持たれがちだが、本来は、目標が実現された状況を子どもたちの姿で具体的に捉えるものである。本書が提案する「永続的理解」や「期待されるパフォーマンス」が、学校現場の先生方の実践づくりの一助となれば幸いである。

（日本標準、二〇一九年、二二〇〇円＋税）

『学力観を問い直す　国語科の資質・能力と見方・考え方』（藤森裕治 著）

成田　雅樹（秋田大学）

本書は4章構成である。第1章では、「資質・能力」の定義を述べている。フレネ学校では学力を「変容可能性」と呼ぶことを紹介して、実生活における必然性を大切にした指導や自己評価の重要性を説いている。第2章では、言語主体と「資質・能力」の3要素を、自動車運転の「車」「態度・習慣」「燃料」「免許」「技術」の例えを用いて説明している。第3章では、前章の3要素を育てる方法について、著者自身が行った授業を例にして述べている。学習指導の見取り図である「バタフライ・マップ」や、英国で開発された「学びに向かう力」の4要素が紹介されている。そして第4章に、「言葉による見方・考え方」を、家を建てる仕事になぞらえた説明が述べられている。

筆者はかつて、二〇一八年二月号の『教育科学国語教育』（明治図書）において、「言葉による見方・考え方」について、「言葉による」なのか「言葉に対する」なのかという問いを立て、「言葉に着目することによって得られた、言葉に対する見方・考え方」であろうとの回答を導き出した。

本書の第4章においても、「ことばに対する見方・考え方」と言い換えると述べられている。国語科が「ことばを学習対象とする」からだという。また著者は、「言葉」ではなく「ことば」と表記している。「ことば」は「物事を表す道具」であり、「理解と表現の活動」であり、「文化財」であるとし、国語科独自の「見方・考え方」の対象であるという。著者は、これらに対応する三つの次元を住宅建築に例えている。すなわち、道具としてのことばそのものをどう見るかという「道具の次元」、ことばが使われる場面（言語活動）をいかに見るかという「建築の次元」、ことばによって組み立てられたもの（言語作品）に対する「建物の次元」である。一つ目の道具としてのことばの仕組みと働きは、「概念化」と「線条性」であるという。二つ目の言語活動については、そのプロセスを構成する五つの要素（「場の状況」「言語主体の関係」「言語主体の目的」「語彙とその配列としての方法」「言語主体に生じる効果」）と文脈化が説明されている。三つ目については、言語作品のレトリックを捉えることが述べられている。

このように本書では、「『言葉による見方・考え方』に対する見方・考え方」が述べられている。

（明治図書、二〇一八年、二〇六〇円＋税）

V　新学習指導要領・国語科の「言葉による見方・考え方」を読み解くための6冊

『論より詭弁　反論理的思考のすすめ』（香西秀信 著）

岩崎　成寿（滋賀県・立命館守山中学校・高等学校）

論理的思考のあり方について一貫して追究してきた著者が、「反論理的思考のすすめ」を標榜するのはなぜか。それは、「われわれは大抵の場合、偏った力関係の中で議論する。そうした議論においては、真空状態で純粋培養された論理的思考は十分には機能しない」からである。その上で、「論理的思考をレトリックの立場から批判的に検討」することを通じて、論理的思考を「より有効なものに洗練させる」ことをめざしたのが本書である。

　本書で特に参考になったのは、「事実」の「見方・考え方」に関する指摘である。例えば、新学習指導要領では、中学第1学年「C　読むこと」の指導事項として、「説明的な文章」の場合、「事実と意見との関係などについて叙述を基に捉え、要旨を把握すること」とある。しかし、「事実と意見との関係」についての「見方・考え方」の説明は「学習指導要領解説 国語編」においても触れられておらず、その具体的内容は不明である。

　本書では、その点について、「言葉で何かを表現することは詭弁である」と、（挑発的だが）明快である。一例として、「Kは大学教授だ。／Kは優秀な大学教授だ。」を比べ、前者が「事実」で後者が「意見」とされるであろうことを想定した上で、前者も前後の状況によっては価値判断を含む「意見」になり得るとし、「そもそもその話題の選択がなぜなされたのか」を考えることの重要性を説く。

　さらに、次の例も面白い。

「冷蔵庫の中にビールがあった。／冷蔵庫の中にビールがなかった。」

どちらも「事実」であると言いたくなるが、「『ない』ということは検証可能でありながら、それは事実ではなく語り手の観念にすぎない。〔中略〕こういうものを、事実と呼べるだろうか」と指摘する。

　本書では、その他、論証において根拠を複数採用することの是非、論じる内容と主体の関係、問いにおける「名付け」の問題等、興味深い論点が多い。

　誤解を恐れず言えば、国語科は言葉を通じてものの見方・考え方を教える教科である。それだけに、言語学や修辞学、哲学の立場から国語科教育への提言をしてきた著者のような存在は貴重である。唯一残念なのは、著者がすでに故人となっていることだ。

（光文社新書、二〇〇七年、七〇〇円＋税）

V 新学習指導要領・国語科の「言葉による見方・考え方」を読み解くための6冊

『競争教育から〝共生〟教育へ―仲間と育ち合う教室づくりのヒント』（渡辺恵津子 著）

小林 信次（元日本福祉大学）

この本では、本物の学力が身につく指導法やクラスを安心の場にする工夫が紹介されている。自主性を育て仲間と育ち合う実践のコツが書かれている。また、国語科の「見方・考え方」を広く読み解いている。

国語教師だけでなく、疲れ悩む教師へのアドバイスにもなっている。これまでの教師主導から脱皮して、子ども自身が主体的に読むことの道筋、話し合いなど、子どもをどう育てるのかという学級づくりも含めたアプローチが示されている。

第一章 〝子どものリアル〟が見えてますか?

第二章 自分が好きになる〝学び〟を作ろう

第三章 安心の居場所〟をどう作るか

第四章 疲れ・悩む教師のQ＆A

現場の具体的実践からの改革への視点が示されている。

私は、渡辺氏の「競争から共生への転換」に込められた、「あなたの喜びが私の喜びであり、私の悲しみがあなたの悲しみになる」という深い学びに通じる言葉にも着目した。それは、私たちに教育の場で常に問われている。

子どもの成長や人類・社会の発展のためにという原理・原則がつらぬかれていること。子どもが授業でも主人公として登場すること。授業の中でどの子も伸びる可能性をもっているということ。教師集団・地域・父母の願いが授業に反映されていること。そして、教師はどのような指導言を組み、どう提言と助言を組み、それをどのように授業にむすびつけるのか。渡辺氏の各教科を含めた実践の紹介は説得力がある。

そして国語の授業紹介も具体的である。

体験と「実感」と「ことば」をつなげる説明文の指導、綴ることで自分を語り、他と交流することなど、随所に有効な実践例が示されている。

教師として育つための次の四つの指摘は重要だ。

・子どもの現実から「学び」をつくる。
・子どもの変化の事実をとらえる。
・「討論」を学びの中心にすえる。
・子どもの中に「問い」を育て、「主体者として育つ」。

本書にはさまざまな学びのヒントがあふれている。今の現場に求められる好著である。

（一声社、二〇一六年、一五〇〇円＋税）

「モチモチの木」（斎藤隆介）の教材研究―ここがポイント

阿部　昇（秋田大学）

「モチモチの木」は、斎藤隆介（一九一七〜一九八五年）の作品である。一九六三年に『教育新聞』（日教組）に掲載され、一九六七年に単行本『ベロ出しチョンマ』（理論社）に収められた。教科書には一九七七年に光村図書（小3）、教育出版（小3）、日本書籍（小4）の国語教科書に掲載された。現在では光村図書、東京書籍、教育出版、学校図書の小3の国語教科書に掲載されている。単行本と教科書で本文に一部異同がある。[1]

1　「モチモチの木」の構造よみ
――「クライマックス」への伏線に着目する

この作品の構造は、次頁のとおりである。導入部―展開部―山場―終結部の四部構造である。

(1)　発端―事件のはじまり

この作品の導入部は、比較的長い。「おくびょう豆太」と「やい、木ぃ」の二つの部分である。「おくびょう豆太」に「じさまぁ。」「しょんべんか。」と会話が含まれる。「やい、木ぃ」にも「やい、木ぃ、モチモチの木ぃ、実ぃ落とせぇ。」などとある。会話があるのだから描写的と読める。すでに事件が進行しているようにも見える。

しかし、丁寧に読むと、これらがある日ある時のことではなく毎日繰り返されていることの説明であることがわかる。

「おくびょう豆太」は「全く、豆太ほどおくびょうなやつはない。」から始まる。その後は、それを裏づけるために、日常的に繰り返されていることを説明している。

「夜中には、じさまについてってもらわないと、一人じゃしょうべんもできないのだ。」も、「豆太が『じさまぁ。』って、どんなに小さい声で言っても、『しょんべんか。』と、すぐ目をさましてくれる。」も、繰り返されていることの説明である。「やい、木ぃ」でも「秋になると、茶色いぴかぴか光った実を、いっぱいふり落としてくれる。」と毎年繰り返される様子を説明している。じさまが夜に豆太のしょんべんに付き添うことについても「じさまはかならずそうしてくれるんだ。」とある。「かならず」ということは一回だけの出来事ではない。

それに対し「霜月二十日のばん」からある時の描写になる。ここは「そのモチモチの木に、今夜は、灯がともるばんなんだそうだ。」から始まる。ここからある日ある時の一度だけの出来事の描写になる。「説明的な書き方から描写的な書き方に変わる」「日常の繰り返しをまとめて説明するところから、ある日ある時の描写に変わる」という発端の典型的な要素が読みとれる。また、この「霜月二十日のばん」から、それまで繰り返されてきた日常とは違う「事件」が起こる。日常に対し非日常的な出来事が始まる。これも発端の重要な要素である。

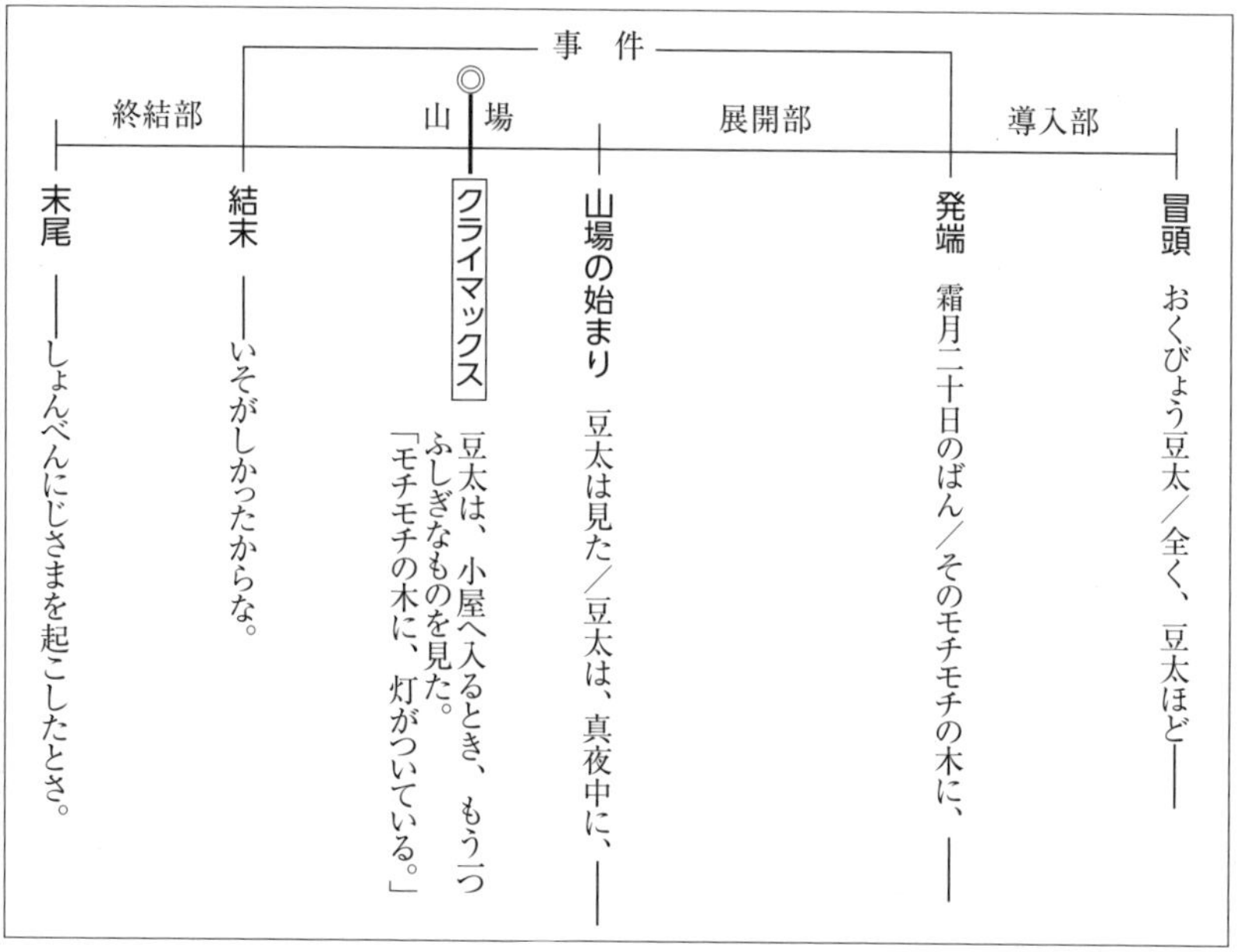

そして、豆太とモチモチの木の新しい関係が生まれていく。

この作品の発端の特徴を整理すると次のようになる。

1　説明的な書き方から描写的な書き方に変わる。
2　日常の繰り返しをまとめて説明するところから、ある日ある時の描写に変わる。
3　それまで繰り返されてきた日常とは違う「事件」が起こる（日常→非日常的）。
4　豆太とモチモチの木の新しい関係が生まれる。
5　それらの意味でここから「事件」が動き出す。

(2) クライマックス

クライマックスは、次の部分である。

豆太は、小屋へ入るとき、もう一つふしぎなものを見た。
「モチモチの木に、灯がついている。」

じさまの急病で、豆太は医者様を呼びに行く。医者様におぶわれてじさまの小屋に入る直前に、灯がついたモチモチの木を見る。豆太自身は気づいていないかもしれないが、これが展開部でじさまが言っていた「勇気のある子ども」だけが見ることができる「山の神様のお祭り」としての「モチモチの木」の「灯」である。ここは会話文もあり描写性も高い。真夜中にモチモチの木に灯がともるという点でも、読者に強くアピールする場面である。

授業では、クライマックスの候補として次の部分が出されることがある。じさまの急病を知った豆太が、小屋から飛び出す場面である。

「医者様をよばなくっちゃ。」
豆太は、小犬みたいに体を丸めて、表戸を体でふっとばして走りだした。
ねまきのまんま。はだしで。半道もあるふもとの村まで――。

豆太が勇気を出して真夜中に一人で外に飛び出すところである。緊迫感もあり、描写の密度も濃い。大きな事件の節目である。ただし、導入部や展開部を振り返ると、クライマックスとしてはまだ早いことがわかる。

導入部の「おくびょう豆太」と「やい、木ぃ」では、豆太の臆病ぶりが説明されるだけではない。豆太がモチモチの木をひどく怖がっていたことが繰り返し述べられる。「大きなモチモチの木がつっ立っていて、空いっぱいのかみの毛をバサバサとふるって、両手を『わあっ。』とあげる」「夜になると、豆太はもうだめなんだ。木がおこって、両手で『お化けぇ。』って、上からおどかすんだ。」「もう、しょんべんなんか出なくなっちまう。」などである。それこそが、導入部の重要な伏線である。

展開部で霜月二十日の晩になると「そのモチモチの木に、今夜は、灯がともるばん」であることがじさまによって語られる。そして、じさま自身も「子どものころに見たことがある。死んだおまえのおとうも見たそうだ。」「それは、一人の子どもしか、見ることはできねえ。それも勇気のある子どもだけだ。」と語る。それを聞いた豆太は「おらは、とってもだめだ——。」と言い、「じさまもおとうも見たんなら、自分も見たかったけど、こんな冬の真夜中に、モチモチの木を、それも、たった一人で見に出るなんて、とんでもねえ話だ。」と思う。豆太とモチモチの木の関係性を示す重要な伏線である。

そう見ると、この作品の主要な事件は、豆太とモチモチの木との関係であることがわかる（題名も「モチモチの木」である）。そうすると、小屋を飛び出すところも重要な節目ではあるが、まだ豆太とモチモチの木の関係性そのものは変化していない。「モチモチの木に、灯がついている。」で、豆太とモチモチの木の関係が大きく変化する。「モチモチの木に、灯がついている。」をクライマックスと見る方が自然である。

また、終結部で、じさまが豆太に「モチモチの木には、灯がついたんだ。」「おまえは」「勇気のある子どもだったんだからな。」と話している。ここからも、この部分がクライマックスであることがわかる。

クライマックスの特徴を整理すると次のようになる。

1　豆太とモチモチの木の関係が大きく転換する。この作品ではモチモチの木が象徴的な意味をもつ。
2　導入部・展開部の伏線が、ここで大きく生きる。
3　終結部にもつながる大きな転換がある。
4　会話を含み描写の密度が特に濃い。
5　真夜中にモチモチの木に灯がつくという読者にアピールする場面となっている。

山場の始まりは、クライマックスを含む場面の始めの「豆太は見た」である。終結部は、主要な事件が終わった後の後日譚である「弱虫でも、やさしけりゃ」である。

2　「モチモチの木」の形象よみ

（1）「モチモチの木」導入部の形象よみ

構造よみで述べたが、ここは豆太の人物の紹介、じさまと豆太との関係、豆太とモチモチの木の関係が述べられている。いずれもが重要な伏線である。

まず冒頭で「おくびょう豆太」という小見出しが読者をとらえる。ニックネームのように「おくびょう豆太」と呼ぶのだから、余程の臆病と読者は予想する。そして、第一文「全く、豆太ほどおくびょうなやつはない。」となる。「全く」という強調、また「ほど〜ない」という係り結び的強調である。さらに「おくびょう豆太」の最後には「どうして、豆太だけが、こんなにおくびょうなんだろうか——。」とある。「どうして」「だけが」「こんなに」「——」によって豆太の臆病がさらに強調される。三重にも四重にも豆太の臆病性が印象づけられる。

そして、それを証明する説明が続く。五つにもなったのに「大きなモチモチの木がつっ立っていて」「かみの毛をバサバサとふるって、両手を『わあっ。』とあげるからって、夜中には、じさまについてってもらわないと、一人じゃしょんべんもできない」とある。本当にモチモチの木が「両手を『わあっ。』とあげる」わけではない。豆太にはそう見えたのである。続いて「夜になると」「木がおこって、両手で『お化けぇ。』って、上からおどかすんだ。夜のモチモチの木は、そっちを見ただけで、もう、しょんべんなんか出なくなっちまう。」とある。豆太とモチモチの木の関係性が繰り返し述べられる。

導入部には、じさまと死んだおとうの紹介もある。「おくびょう豆太」の後半で「けれど、豆太のおとうだって、くまと組みうちして、頭をぶっさかれて死んだほどのきもすけ」「じさまだって、六十四の今、まだ青じしを追っかけ」と、二人の勇敢さが示されている。これは、展開部始めのじさまの豆太への語りにつながる伏線である。

（2）「モチモチの木」展開部の形象よみ

この展開部では、構造よみでも述べたとおり次のじさまの言葉が伏線として重要な意味をもつ。

「霜月の二十日のうしみつにゃぁ、モチモチの木に灯がともる。起きてて見てみろ。そりゃぁ、きれいだ。おらも、子どものころに見たことがある。死んだおまえのおとうも見たそうだ。山の神様のお祭りなんだ。それは、一人の子どもしか、見ることはできねえ。それも、勇気のある子どもだけだ。」

この言葉に豆太は、「――それじゃぁ、おらは、とってもだめだ――。」と泣きそうに言い、「じさまもおとうも見たんなら、自分も見たかったけど、こんな冬の真夜中に、モチモチの木を、それも、たった一人で見に出るなんて、とんでもねえ話だ。ぶるぶるだ。」と思う。

重要で典型的な伏線である。

(3)「モチモチの木」山場の形象よみ

山場となり急に緊迫感を増す。じさまが体を丸めてうなっている。おそらく豆太にとって初めての経験であろう。ここでは倒置が効果的である。

「医者様をよばなくっちゃ。」
豆太は、小犬みたいに体を丸めて、表戸を体でふっとばして走りだした。
ねまきのまんま。はだしで。半道もあるふもとの村まで――。

倒置になっていることで、まずは豆太が「表戸を体でふっとばして走りだした。」という劇的な行動が読者に強くアピールする。その上で「ねまきのまんま」「はだしで」「半道もあるふもとの村まで」と続くことで、表現に切れ味が生まれ緊迫感が高まる。

これが倒置でないと次のようになる。

「医者様をよばなくっちゃ。」
豆太は、ねまきのまんま、はだしで、半道もあるふもとの村まで、小犬みたいに体を丸めて、表戸を体でふっとばして走りだした。

説明臭い冗長な表現になってしまう。倒置にすることで「ふっとばして走りだ」す緊迫感が高まると同時に、「ねまきのまんま」「はだしで」「半道もあるふもとの村まで」という厳しい状況を読者に印象づける。陰暦の十一月だから夜はかなり寒い。それを裸足で子どもが夜中に二キロ走る。たいへんなことである。倒置の効果が大きい(授業でも右のように比べて読むと効果が顕在化する)。

次の「霜が足にかみついた。」の比喩も優れている。

そして、クライマックスである。


豆太は、小屋へ入るとき、もう一つふしぎなものを見た。

「モチモチの木に、灯がついている。」


「ふしぎなもの」という表現で、劇的な効果を高めている。当然豆太にとって、生まれて初めての光景である。「ふしぎ」というのだから、怖いわけではない。よくわからない。でも何か引きつけられるという見方であろう。

「モチモチの木に、灯がついている。」は、すでに述べたとおり展開部でじさまが言っていた「山の神様の祭り」としての灯である。ここで豆太が「勇気のある子ども」になったことがわかる。「おらは、とってもだめだ。」と言っていた豆太が、ここでそれを達成したのである。

(4)「モチモチの木」終結部の形象よみ

この作品の終結部は、主題を大きく顕在化させている。

一つは、じさまの次の言葉である。


「おまえは、山の神様の祭りを見たんだ。モチモチの木には、灯がついたんだ。おまえは、一人で、夜道を医者様よびに行けるほど、勇気のある子どもだったんだからな。自分で自分を弱虫だなんて思うな。人間、やさしささえあれば、やらなきゃならねえことは、きっとやるもんだ。それを見て、他人がびっくらするわけよ。は、は、は。」


ここで、クライマックスの意味が一層明確になる。豆太もじさまやおとうと同じように「山の神様の祭り」を見たこと、そして「勇気のある子ども」だったということが明示化される。さらに、「人間、やさしささえあれば、やらなきゃならねえことは、きっとやるもんだ。」というさらなる作品の主題が示される。クライマックスとこの終結部のじさまの言葉に主題は収斂されている。

ただし、次のような付け足しがある。


——それでも、豆太は、じさまが元気になると、そのばんから、

「じさまぁ。」

と、しょんべんにじさまを起こしたとさ。


もとの「おくびょう豆太」に戻ったとも読めるような

終わり方である。ここをどう読むか、吟味よみで述べる。

3 「モチモチの木」の吟味よみ

右の「しょんべんにじさまを起こした」という部分をめぐって、これまで授業でさまざまな吟味がされてきたようである。例えば「豆太は本当に勇気のある子どもなのか。」などの課題で話し合うといった授業である。

確かに、結局じさまをしょんべんに起こすのだから、豆太は変わっていないという読みも成り立ちそうである。しかし、次のような見方もできるかもしれない。

一つ目は、再びじさまをしょんべんに起こしたとしても、それをもって「勇気のない子ども」と言うことはそもそもできないのではないかという見方である。「勇気」というのは不安や恐れを持たないことではない。不安や恐れをもっていても、本当に必要なときに必要な行動ができるということである（もともと不安や恐れがないなら、それは通常の行動で勇気でも何でもない）。怖いと思うから勇気がないということではない。だから、豆太がしょんべんにじさまを起こしたとしても、本当に必要なときに必要な行動が取れればよいのであって、それをもって「勇気がない」とはいえないということである。

二つ目は、ある時は勇気を出せる、でもある条件のもとでは勇気を出せないというのがむしろ普通の人間のあり方かもしれないという見方である（その方が常に揺らぎなく勇気凛々より人間的で魅力的とも見られる）。まして成長期の子どもにとっては一進一退は当然ある。それを「勇気がある・ない」と二分法で評価しようとすること自体、ふさわしくないという見方である。

どの見方を選択するかは、読者が決めることである。右記以外の見方もあるだろう。それらを、作品本文に戻りながら検討することで読みがより豊かになる。

注

（1） 小学校国語教科書『国語三下』二〇一五年、光村図書

【編集委員紹介】

阿部　　昇（あべ　のぼる）〔編集委員長〕

秋田大学大学院教育学研究科特別教授、秋田大学名誉教授、東京未来大学特任教授。「読み」の授業研究会代表。日本教育方法学会常任理事、全国大学国語教育学会理事、日本 NIE 学会理事。

〈主要著書〉『物語・小説「読み」の授業のための教材研究―「言葉による見方・考え方」を鍛える教材の探究』『国語力をつける物語・小説の「読み」の授業― PISA 読解力を超えるあたらしい授業の提案』『文章吟味力を鍛える―教科書・メディア・総合の吟味』『アクティブ・ラーニングを生かした探究型の授業づくり』以上、明治図書、『あたらしい国語科指導法　五訂版』［編著］学文社、他。

鈴野　高志（すずの　たかし）

茗渓学園中学校高等学校教諭。「読み」の授業研究会事務局次長。

〈主要著書〉『国語の本質がわかる授業②ことばと作文』［編著］『国語の本質がわかる授業④文学作品の読み方Ⅱ』［編著］以上、日本標準、他。

髙橋　喜代治（たかはし　きよじ）

立教大学兼任講師。「読み」の授業研究会事務局長。

〈主要著書〉『耕地の子どもの暮らしと遊び』ブイツーソリューション、『教科の本質がわかる授業⑥説明文の読み方』［編著］日本標準、『国語力をつける説明文・論説文の「読み」の授業』［編著］明治図書、他。

永橋　和行（ながはし　かずゆき）

立命館小学校講師。「読み」の授業研究会事務局次長。

〈主要著書〉『小学校国語科「言葉による見方・考え方」を鍛える物語の「読み」の授業と教材研究』［編著］『教材研究の定説化「おこりじぞう」の読み方指導』『教材研究の定説化「お母さんの木」の読み方指導』［共著］『総合的学習の基礎づくり3「学び方を学ぶ」小学校高学年編』［共著］以上、明治図書、他。

国語授業の改革19

国語の授業で「言葉による見方・考え方」をどう鍛えるのか

――「主体的・対話的で深い学び」の実現をめざして

2019年８月25日　第１版第１刷発行

「読み」の授業研究会［編］

（編集委員：阿部昇／鈴野高志／髙橋喜代治／永橋和行）

発行者　田　中　千津子

発行所　株式会社　学　文　社

〒153-0064　東京都目黒区下目黒３-６-１

電　話　03（3715）1501㈹

ＦＡＸ　03（3715）2512

振　替　00130-9-98842

http://www.gakubunsha.co.jp

印刷　新灯印刷㈱

乱丁・落丁の場合は本社でお取替します

定価はカバー，売上カードに表示

ISBN 978-4-7620-2924-0